Silove
Wenn die Panik kommt

Aus dem Programm Verlag Hans Huber:
Psychologie Sachbuch

Wissenschaftlicher Beirat:
Prof. Dr. Dieter Frey, München
Prof. Dr. Kurt Pawlik, Hamburg
Prof. Dr. Meinrad Perrez, Freiburg (Schweiz)
Prof. Dr. Franz Petermann, Bremen
Prof. Dr. Hans Spada, Freiburg i.Br.

Weitere Bücher in der Reihe Sachbuch bei Verlag Hans Huber – eine Auswahl:

Susanna Carolusson
«Da drin ist noch jemand!»
Tobias' Leben nach schwerem Schädel-Hirn-Trauma
In deutscher Sprache herausgegeben von Edda Klessmann
Aus dem Schwedischen übersetzt von Inger Hille
198 Seiten (ISBN 3-456-83960-X)

Gaby Gschwend
Nach dem Trauma
Ein Ratgeber für Betroffene und ihre Angehörigen
101 Seiten (ISBN 3-456-84305-4)

Claudia Herbert / Ann Wetmore
Wenn Albträume wahr werden
Traumatische Ereignisse verarbeiten und überwinden
203 Seiten (ISBN 3-456-84218-X)

Helen Kennerley
Schatten über der Kindheit
Wie sich frühe psychische Traumata auswirken und wie man sie bewältigt
Aus dem Englischen übersetzt von Karin Dilling
219 Seiten (ISBN 3-456-83963-4)

Reneau Z. Peurifoy
Angst, Panik und Phobien
Ein Selbsthilfe-Programm
Aus dem Englischen übersetzt von Irmela Erckenbrecht
2. Auflage
315 Seiten (ISBN 3-456-83827-1)

Informationen über unsere Neuerscheinungen finden Sie im Internet unter:
www.verlag-hanshuber.com

Derrick Silove
Vijaya Manicavasagar

Wenn die Panik kommt

Ein Ratgeber

Aus dem Englischen übersetzt von Irmela Erckenbrecht

Verlag Hans Huber

Die Originalausgabe ist unter dem Titel: OVERCOMING PANIC – A SELF-HELP GUIDE USING COGNITIVE BEHAVIORAL TECHNIQUES erschienen.
Copyright © by Derrick Silove and Vijaya Manicavasagar
Published by Arrangement with Constable & Robinson Ltd., London.
Dieses Werk wurde vermittelt durch die Literarische Agentur Thomas Schlück GmbH, D-30827 Garbsen.

Lektorat: Monika Eginger
Herstellung: Marileth Tonini
Umschlag: Atelier Mühlberg, Basel
Druck und buchbinderische Verarbeitung: AZ Druck und Datentechnik GmbH, Kempten
Printed in Germany

Bibliographische Information der Deutschen Bibliothek
Die Deutsche Bibliothek verzeichnet diese Publikation in der Deutschen Nationalbibliographie; detaillierte bibliographische Daten sind im Internet über http://dnb.ddb.de abrufbar.

Dieses Werk, einschließlich aller seiner Teile, ist urheberrechtlich geschützt. Jede Verwertung außerhalb der engen Grenzen des Urheberrechtes ist ohne Zustimmung des Verlages unzulässig und strafbar. Das gilt insbesondere für Vervielfältigungen, Übersetzungen, Mikroverfilmungen sowie die Einspeicherung und Verarbeitung in elektronischen Systemen.

Anregungen und Zuschriften bitte an:
Verlag Hans Huber
Hogrefe AG
Länggass-Strasse 76
CH-3000 Bern 9
Tel: 0041 (0)31 300 4500
Fax: 0041 (0)31 300 4593
www.verlag-hanshuber.com

1. Auflage 2006
© für die deutschsprachige Ausgabe 2006 by Verlag Hans Huber, Hogrefe AG, Bern
ISBN-10:   3-456-84303-8
ISBN-13: 978-3-456-84303-8

Inhalt

Einführung: Warum kognitive Verhaltenstherapie? 7

**Teil I
Panikattacken verstehen**

Prolog
«Ein Tag aus meinem Leben» 13
1. Eine Panikstörung – was ist das? 15
2. Wie wirken sich Panikstörung und Agoraphobie auf das Leben
   der Betroffenen aus? 23
3. Was sind die Ursachen von Panik und Agoraphobie? 27
4. Wie lassen sich Panikstörung und Agoraphobie wirksam
   behandeln? 43
5. Einige kurze Hinweise zur Begrifflichkeit 53

**Teil II
Panikattacken überwinden: Ein Selbsthilfe-Programm**

Einführung 59

Schritt 1
Auslöser von Angst- und Panikgefühlen erkennen 75

Schritt 2
Aspekte des eigenen Lebensstils erkennen, die zu Angst- und
Panikgefühlen beitragen können 85

Schritt 3
Panikattacken abwenden 99

Schritt 4
Negative Denkstile verändern 107

Schritt 5
Sensibilität für körperliche Empfindungen vermindern 119

Schritt 6
Das bisher Gelernte in die Praxis umsetzen, Agoraphobie
überwinden und Problembereiche aktiv angehen 127

Rückfälle vermeiden 141

Anmerkung zum Thema Depression 147

Schlussbemerkung 149

Hilfreiche Bücher 151

Hilfreiche Adressen 153

Register 157

Einführung

Warum kognitive Verhaltenstherapie?

In den letzten zwei bis drei Jahrzehnten hat es in der psychologischen Therapie so etwas wie eine Revolution gegeben. Lange Zeit hatten Freud und seine Anhängerinnen und Anhänger Einfluss darauf, was man sich unter einer Therapie vorstellte. Die Psychoanalyse und die psychodynamische Psychotherapie beherrschten in der ersten Hälfte des 20. Jahrhunderts das Feld. Man setzte auf langwierige Behandlungen, in deren Verlauf man die in der Kindheit liegenden Wurzeln persönlicher Probleme aufzudecken versuchte – in Anspruch nehmen konnten dieses Angebot nur Menschen, die sich dies finanziell leisten konnten. Einige Therapeutinnen und Therapeuten mit sozialem Gewissen modifizierten daher diese Form der Behandlung, indem sie z. B. kürzere Therapien oder Gruppentherapien anboten, doch die Nachfrage nach therapeutischer Hilfe war so groß, dass dies nur wenig Auswirkungen hatte. Gleichzeitig gab es zwar zahlreiche Fallgeschichten von Menschen, die davon überzeugt waren, dass die Psychotherapie ihnen geholfen hatte. Ihre Therapeutinnen und Therapeuten aber zeigten erstaunlich wenig Interesse daran, im Rahmen wissenschaftlicher Untersuchungen nachzuweisen, dass das, was sie Hilfe suchenden Menschen anboten, auch tatsächlich hilfreich war.

Als Reaktion auf die Exklusivität psychodynamischer Therapien und die dürftigen Beweise für ihre Wirksamkeit entwickelte man in den 1950er und 1960er Jahren eine Reihe von Techniken, die man unter der Bezeichnung «Verhaltenstherapie» zusammenfasste. Zwei grundlegende Merkmale waren diesen Techniken gemeinsam: Erstens zielten sie darauf ab, Symptome (z. B. Ängste) zu beseitigen, indem sie diese direkt behandelten, ohne ihre tief sitzenden historischen Ursachen unbedingt ergründen zu wollen. Zweitens stützten sie sich auf das, was man in psychologischen Laborversuchen über die Mechanismen des Lernens herausgefunden und in überprüfbare Begriffe gefasst hatte. Wer Verhaltenstherapie praktizierte, verpflichtete sich, Techniken einzusetzen, deren Nutzen bereits bewiesen oder zumindest der Überprüfung zugänglich war. Am wirksamsten erwiesen sich diese Techniken bei der Behandlung von Angststörungen, die mit konventionellen psychotherapeutischen Ansätzen bekanntermaßen eher schwer zu behandeln sind.

Nach einer ersten Welle der Begeisterung wuchs jedoch die Unzufriedenheit mit der Verhaltenstherapie. Dafür gab es eine ganze Reihe von Gründen, darunter die Tatsache, dass die Verhaltenstherapie sich nicht mit den Gedanken befasste, die für die Leidenserfahrung der Patientinnen und Patienten offenbar eine so zentrale Rolle spielten. Die damit in Verbindung stehende Tatsache, dass die Verhaltenstherapie sich bei der Behandlung von Depressionen als völlig unzureichend erwies, unterstrich den Bedarf nach einer wichtigen Revision. In den späten 1960er und frühen 1970er Jahren wurde daher eine besonders bei Depressionen geeignete Form der Behandlung namens «kognitive Therapie» entwickelt. Ihr Pionier war der amerikanische Psychiater Professor Aaron T. Beck. Seine Theorie der Depression befasste sich vor allem mit den Denkmustern depressiver Menschen. Auf dieser Grundlage fußte auch seine neue Form der Therapie. Es ist sicherlich keine Übertreibung zu sagen, dass Becks Werk die Psychotherapie grundlegend verändert hat, nicht nur was die Behandlung von Depressionen, sondern auch die einer großen Bandbreite anderer psychischer Probleme betrifft.

In den letzten Jahren sind die von Beck eingeführten Techniken mit denen der bereits vorher entwickelten Methoden der Verhaltenstherapie verschmolzen. Das dahinter stehende Konzept ist unter der Bezeichnung «kognitive Verhaltenstherapie» bekannt geworden. Zwei Gründe sind dafür verantwortlich, dass diese Form der psychotherapeutischen Behandlung so wichtig geworden ist. Erstens ist die ursprünglich von Beck und seinen Nachfolgern entwickelte kognitive Therapie bei Depressionen den strengsten wissenschaftlichen Prüfungen unterworfen worden und hat sich dabei für einen signifikanten Teil der untersuchten Fälle als äußerst erfolgreiche Behandlung erwiesen. Sie war nicht nur wirksamer als die beste vergleichbare andere Behandlung (außer natürlich in schweren Fällen, in denen eine medikamentöse Behandlung notwendig ist). Einige Studien legen auch nahe, dass Menschen, die erfolgreich mit der kognitiven Verhaltenstherapie behandelt wurden, mit geringerer Wahrscheinlichkeit einen späteren Rückfall erleiden als Menschen, die eine erfolgreiche Behandlung mit anderen Therapieformen (z. B. antidepressiven Medikamenten) hinter sich haben. Zweitens ist klar geworden, dass mit einer ganzen Reihe von psychischen Problemen spezifische Denkmuster verbunden sind, und dass die Therapien, die sich dieser Denkmuster annehmen, die besten Erfolge erzielen. Aufgrund dieser Erkenntnisse hat man deshalb spezifische kognitiv-verhaltenstherapeutische Behandlungsmethoden für bestimmte Angststörungen entwickelt, z. B. für Panikstörungen, generalisierte Angststörungen, spezifische Phobien, soziale Phobien, Zwangsstörungen und Hypochondrie, aber auch für andere Störungen wie Spiel-, Alkohol- und Drogensucht oder Essstörungen wie Bulimia nervosa und Binge-Eating-Störung (eine Essstörung mit Essattacken). Über die engen Grenzen spezifischer psychischer Störungen hinaus sind kognitiv-verhaltenstherapeutische Techniken auch bei anderen Problemen erfolgreich zum Einsatz gekommen, haben z. B. Menschen mit geringer Selbstachtung oder mit Ehe- und Beziehungsproblemen effektiv helfen können.

Heute leiden fast zehn Prozent der Allgemeinbevölkerung unter Depressionen und mehr als zehn Prozent haben die eine oder andere Angststörung. Viele kämpfen mit anderen psychischen Problemen und persönlichen Schwierigkeiten. Deshalb ist es auch so wichtig, Behandlungsmöglichkeiten zu entwickeln, deren Wirksamkeit bewiesen ist. Doch selbst wenn diese Möglichkeiten zur Verfügung stehen, bleibt ein großes Problem ungelöst – nämlich die Tatsache, dass die professionelle Behandlung jedes einzelnen Individuums teuer ist und die Ressourcen knapp verteilt sind. Zwar könnte man diesem Defizit begegnen, indem möglichst viele Menschen sich selbst helfen, doch führt die natürliche Neigung, etwas zu tun, um sich augenblicklich besser zu fühlen, meist leider genau zu den Verhaltensweisen, die die vorhandenen Probleme fortbestehen lassen und verschlimmern. Wer z. B. unter Agoraphobie leidet, bleibt am liebsten zu Hause, um mögliche Angstattacken zu vermeiden, und wer mit Bulimia nervosa zu kämpfen hat, verbietet sich Lebensmittel, von denen er meint, dass sie ihn dick machen könnten. Mit solchen Strategien lassen sich unmittelbare Krisen zwar umgehen, das grundsätzliche Problem packen sie aber nicht an, und sie bieten auch keine Hilfe im Umgang mit zukünftigen Schwierigkeiten.

Alles in allem besteht also ein doppeltes Problem: Effektive Behandlungsmethoden wurden zwar entwickelt, sind aber nicht im breiten Rahmen verfügbar. Und wenn Betroffene versuchen, sich selbst zu helfen, machen sie es oft noch schlimmer. Die kognitive Verhaltenstherapie hat in den letzten Jahren auf dieses Problem reagiert und die Prinzipien und Techniken der Behandlung bestimmter Probleme in Selbsthilfebüchern dargestellt. Diese Bücher beschreiben ein systematisches Behandlungsprogramm, das jeder für sich durcharbeiten und so seine Schwierigkeiten überwinden kann. Auf diese Weise werden die Erkenntnisse der kognitiven Verhaltenstherapie auf breitest möglicher Basis verfügbar gemacht.

Natürlich werden Selbsthilfebücher Therapeutinnen und Therapeuten nie ganz ersetzen können. Viele Menschen werden auch weiterhin der individuellen Behandlung durch einen qualifizierten Therapeuten oder eine qualifizierte Therapeutin bedürfen. Trotz der nachgewiesenen Erfolge der kognitiven Verhaltenstherapie gibt es auch immer wieder Menschen, die darauf nicht reagieren und andere Formen der Behandlung brauchen. Obgleich die Forschung über den Einsatz kognitiv-verhaltenstherapeutischer Selbsthilfebücher noch in den Kinderschuhen steckt, deuten die bis heute durchgeführten Untersuchungen darauf hin, dass solche Bücher für viele Menschen eine ausreichende Hilfestellung sind, die ihnen die Überwindung ihrer Probleme auch ohne persönliche Betreuung möglich macht.

Viele Menschen leiden jahrelang im Stillen. Anderen gelingt es trotz großer Mühen nicht, angemessene Hilfe zu finden. Wieder andere verspüren zu viel Scham oder Schuldgefühle, um anderen ihre Probleme anzuvertrauen. Für viele dieser Menschen können auf der kognitiven Verhaltenstherapie gründende Selbsthilfebücher ein Rettungsanker sein, der ihnen Genesung und eine bessere Zukunft ermöglicht.

Professor Peter Cooper
The University of Reading

Teil I
Panikattacken verstehen

Prolog
«Ein Tag aus meinem Leben»

«Als ich auf den Bus zuging, packte mich die Panik. Es war, als würde ich in einen Strudel gerissen. Mein Mund trocknete aus, mein Herz raste, mir wurde ganz übel, ich bekam keine Luft mehr, meine Hände zitterten, kalter Schweiß rann über meinen Körper.
Ich dachte, ich werde ohnmächtig. Wie sollte ich nur zu dem Sitz im Bus kommen?
Plötzlich war es, als träte ich aus meinem Körper heraus, stünde neben mir und beobachtete mich von außen. Wurde ich jetzt verrückt?
Als ich aus dem Bus ausstieg, ging es mir schon ein bisschen besser. Warum kamen und gingen diese Attacken ohne jeden ersichtlichen Grund? Ich fühlte mich erschöpft und geschwächt. Ich konnte nicht mehr klar denken. Vielleicht sollte ich eine Weile lang nicht mehr mit dem Bus fahren? Oder ins Krankenhaus gehen und mich gründlich untersuchen lassen? So jedenfalls war es kaum noch zu ertragen. Den größten Teil meiner Zeit verbrachte ich damit, mir darüber Sorgen zu machen, wann wohl die nächste Attacke kam. Ich wusste nicht mehr weiter, mein ganzes Leben erschien mir ruiniert.
In der Nacht lag ich im Bett und wälzte mich schlaflos hin und her. Erschöpft wachte ich am nächsten Morgen auf. Meine Gedanken wanderten immer wieder zu den schrecklichen Erlebnissen im Bus zurück. Was, wenn die nächste Attacke kam, während ich gerade einkaufen war? Würde ich rechtzeitig umkehren können, ehe es so schlimm war, dass ich nicht mehr nach Hause kam? Ständig achtete ich auf meine körperlichen Symptome. Was war das für ein seltsames Kribbeln in den Armen? Fühlten sich die Hände taub an? Ich hatte gehört, dass solche Erscheinungen auf einen Herzinfarkt hinweisen konnten. Vielleicht war ich lebensbedrohlich erkrankt?

Endlich quälte ich mich aus dem Bett. Mein Magen war flau, und ich fühlte mich seltsam benommen. Der Arzt hatte gesagt, mit mir sei ‹alles okay›, aber es fiel mir schwer, ihm zu glauben. Irgendetwas stimmte nicht mit mir. Vielleicht sollte ich doch zu einem Spezialisten gehen. Mit genaueren Untersuchungsmethoden konnte man möglicherweise doch etwas an meinem Gehirn oder meinem Herzen feststellen.

Beim Frühstück mit den Kindern war ich gereizt. Meine schlechte Laune schien sie zu wundern, aber ich konnte ihnen ja wohl kaum von meinen Sorgen erzählen. Was, wenn ich wirklich ernsthaft erkrankt war? War es nicht besser, es ihnen nicht zu sagen, bis ich mir ganz sicher war? Wie ich sie kannte, hätten sie außerdem doch bloß wieder gesagt, ich würde mir zu viele Sorgen machen. Ich trank ein paar Tassen extra starken Kaffee, um richtig wach zu werden und mich den Aufgaben des Tages stellen zu können. Ich wollte ja auch noch meine Mutter im Krankenhaus besuchen. Der Gedanke daran versetzte mich in zusätzliche Aufregung. Sie ist immer so gesund gewesen und war jetzt ganz plötzlich krank geworden. Das Leben erschien mir so entsetzlich unberechenbar.

Als die Kinder zur Schule aufgebrochen waren, musste ich mich beeilen, um den Bus noch zu bekommen. Schon auf dem Weg merkte ich, wie es sich in meiner Brust wieder zusammenzog. Ich bekam keine Luft mehr, mir wurde heiß, Schweiß brach mir aus. Warum musste es mir so gehen? Es schien immer schlimmer zu werden. Warum konnte ich nicht einfach wieder so unbekümmert und beherrscht sein wie früher?»

1. Eine Panikstörung – was ist das?

Jeder Mensch verspürt gelegentlich einmal Angst. Ein «flaues Gefühl» z. B. vor einem Bewerbungsgespräch, einer Prüfung oder einer Rede vor einer größeren Gruppe ist weit verbreitet. Es wird als normal angesehen und gibt in der Regel keinen Anlass zur Besorgnis. Ja, ein gewisses Maß an «Lampenfieber» ist nötig, damit wir in Situationen, die größte Konzentration erfordern, unser Können beweisen und höchste Leistungen erbringen können. Bei manchen Menschen jedoch sind die Angstsymptome so stark und halten so lange an, dass ihr alltägliches Leben davon ernsthaft beeinträchtigt wird. Unter solchen Umständen spricht man von einer Angststörung.

Viele Menschen leiden an Angststörungen, doch nur ein kleiner Prozentsatz begibt sich in Behandlung. Die meisten versuchen, allein damit zurechtzukommen, andere leiden im Stillen oder greifen zu riskanten Mitteln (z. B. Alkohol oder Drogen), um die Symptome zu bekämpfen.

In manchen Fällen kommt es zu Episoden plötzlicher und intensiver Angst, die man *Panikattacken* nennt. Den Betroffenen ist möglicherweise nicht klar, dass sie an einer Angststörung leiden; sie glauben statt dessen, von einer schweren körperlichen Krankheit wie einem Herzinfarkt oder einem Schlaganfall befallen zu sein – was verständlich ist, weil die Panikgefühle von zahlreichen körperlichen Symptomen begleitet werden. Das Erleben von Panikattacken führt häufig dazu, dass die Betroffenen Situationen vermeiden, in denen sie weitere Attacken befürchten.

Bei mir kamen die ersten Panikattacken, als ich etwa neunzehn war und in meiner beruflichen Ausbildung großem Stress ausgesetzt war. Ich bekam keine Luft mehr und schwitzte, mein Herz pochte, ich hatte Schmerzen in der Brust. Ich dachte, ich hätte einen Herzinfarkt und müsste sterben. Später kamen die Attacken wie aus heiterem Himmel, und bald ging ich bestimmten Situationen, wie einkaufen oder mit dem Bus fahren, lieber aus dem Weg. Ich hatte das

Gefühl, mit niemandem darüber sprechen zu können. Ich dachte, die anderen würden mich für verrückt erklären.

John

Was ist eine Panikattacke?

Es fängt damit an, dass ich plötzlich das Gefühl bekomme, nicht mehr richtig atmen zu können. Ich fühle mich benommen, schwitze furchtbar, und mein Herz beginnt zu rasen. Manchmal wird mir übel, oder ich habe Angst zu ersticken. Meine Finger werden taub, und in den Füßen beginnt es zu kribbeln. Es ist ein ganz seltsames Gefühl, so als wäre ich gar nicht wirklich «da», wäre von der Wirklichkeit irgendwie abgekoppelt. Ich habe Angst, die Beherrschung zu verlieren oder gar zu sterben. Die Angst wird dann riesengroß ... Auch wenn so eine Attacke nur fünf oder zehn Minuten dauert, kommt es mir vor wie eine Ewigkeit, und ich denke, dass sie nie vorüber gehen wird.

Christine

Eine Panikattacke besteht aus einem plötzlichen Ausbruch akuter Angst, der oft von einer Reihe körperlicher Symptome und panischen Gedanken begleitet wird. In der Regel dauert sie zwischen zwei und 30 Minuten – für die Betroffenen jedoch kann es sich so anfühlen, als würde sie ewig dauern, und wenn sie endlich abebbt, setzt ein Gefühl der Schwäche und Erschöpfung ein. Ohne Behandlung können Panikattacken mehrmals pro Woche oder gar täglich auftreten.

Wie sich eine Panikattacke anfühlt

Eigentlich ist es jedes Mal ein bisschen anders. Am Anfang hatte ich öfter das Gefühl, ich müsste mich erbrechen oder bekäme Durchfall. In letzter Zeit habe ich eher Erstickungsgefühle und starke Schmerzen in der Brust. Inzwischen ist mir klar, dass das Gefühl, neben mir zu stehen und von mir selbst und meiner Umwelt abgetrennt zu sein, auch dazugehört.

Fay

Panikattacken sind besonders Furcht erregend, weil sie aus heiterem Himmel oder in Situationen zu kommen scheinen, in denen die meisten Menschen nicht mit ängstlichen oder nervösen Gefühlen rechnen. Die

Eine Panikstörung – was ist das? 17

Plötzlichkeit, mit der die Symptome einsetzen, ihre Intensität und die Tatsache, dass sie sich in vielen Teilen des Körpers bemerkbar machen, steigern die Gefühle der Angst und der Hilflosigkeit. Zu den häufig auftretenden Symptomen gehören:

- Atemprobleme, Kurzatmigkeit;
- Erstickungsgefühle;
- Spannungsgefühle, Druck oder Schmerz in der Brust;
- zittern, schwanken, Schwächegefühle;
- schwitzige Hände, Schweißausbrüche;
- kribbeln oder Taubheit in Händen und Füßen;
- Herzklopfen;
- Benommenheit, Schwindel;
- das Gefühl, neben sich zu stehen;
- Übelkeit, Magenkrämpfe, Darmkrämpfe;
- frieren, heiß oder rot werden.

Begleitet werden die körperlichen Symptome oft von verstörenden Gedanken wie z. B.:

- «Ich werde verrückt/wahnsinnig.»
- «Ich verliere die Beherrschung.»
- «Ich werde ohnmächtig.»
- «Ich klappe gleich zusammen.»
- «Ich habe einen Herzinfarkt.»
- «Ich habe einen Schlaganfall.»
- «Ich fange gleich laut an zu schreien.»
- «Ich werde mich vor allen blamieren.»

Die Wahrscheinlichkeit, dass eine dieser Befürchtungen tatsächlich eintritt, ist sehr gering, und im Nachhinein erscheinen diese Gedanken oft irrational; während einer Panikattacke jedoch können sie sehr intensiv und einflussreich sein. Ja, sie können so real erscheinen, dass sie sich im Kopf festsetzen und zwischen den Attacken zu weiteren Ängsten und Befürchtungen Anlass geben.

Wie es sich nach einer Panikattacke anfühlt

Lässt die Panik nach, bleiben die Betroffenen erschöpft und verwirrt zurück. Das Erlebnis ist intensiv und beängstigend, vor allem, wenn man nicht weiß, wodurch es hervorgerufen worden ist. Viele Menschen deuten es verständlicherweise als Hinweis auf eine körperliche Erkrankung und suchen ein Krankenhaus oder eine Arztpraxis auf. Andere schämen sich für den als Mangel an Beherrschung empfundenen «Aussetzer» und leiden im Stillen, anstatt anderen ihre Probleme anzuvertrauen oder professionelle Hilfe zu suchen.

Was ist eine Panikstörung?

Treten Panikattacken wiederholt auf und beeinträchtigen den Alltag der Betroffenen, spricht man von einer *Panikstörung*. Entsprechende Studien haben ergeben, dass etwa zwei bis vier Prozent von uns irgendwann im Laufe unseres Lebens eine Panikstörung erleben.

Manche Menschen hatten vielleicht eine oder zwei schwere Panikattacken und bekommen dann Angst, dass sie weitere Attacken erleiden könnten. Die gedankliche Beschäftigung mit dem Problem beherrscht ihre Gedanken und Verhaltensweisen, sie werden immer ängstlicher und ändern möglicherweise ihren gesamten Lebensstil. Aus Angst, eine erneute Panikattacke zu erleben, könnten sie z. B. vermeiden, überhaupt noch aus dem Haus zu gehen. Auch diese Menschen leiden unter einer Panikstörung, obwohl es bei ihnen nicht zu häufigen Panikattacken kommt.

Das Vermeiden von Situationen, in denen Panikattacken auftreten könnten, kann das Leben der Betroffenen ebenso stark beeinträchtigen wie das Erleben tatsächlicher Attacken. Die Angst vor einer möglichen Panikattacke nennt man *Erwartungsangst*. Diese Erwartungsangst zu überwinden gehört zu den Schlüsselelementen einer möglichen Genesung.

Was versteht man unter Agoraphobie?

Nach einer Weile hatte ich Angst, überhaupt noch einkaufen zu gehen, weil ich befürchtete, im Fall einer Panikattacke nicht schnell genug wieder nach Hause kommen zu können. Wenn ich an der Kasse warten musste, war ich furchtbar angespannt, und einmal musste ich sogar meinen Einkaufswagen stehen lassen und nach Hause eilen, weil ich es nicht mehr aushalten konnte. Danach konnte ich nur noch einkaufen gehen, wenn jemand mitkam. Die Ängste übertrugen sich auch auf andere Situationen, so dass ich keine öffentlichen Verkehrsmittel mehr benutzen und auch nicht mehr Auto fahren konnte. Inzwischen kann ich kaum noch das Haus verlassen.

Mavis

Wer in einer bestimmten Situation oder an einem bestimmten Ort eine Panikattacke erlebte, macht aus Angst, unter ähnlichen Umständen eine erneute Attacke erleiden zu müssen, um diese Situation oder diesen Ort möglicherweise einen großen Bogen. Trat die Attacke z. B. in einem Supermarkt auf, werden anschließend eventuell alle Einkaufssituationen vermieden. Ähnliches kann für das Benutzen öffentlicher Verkehrsmittel, das Autofahren oder den Besuch von Orten mit großen Menschenmengen gelten. Das Vermeiden solcher Orte wird als einzige Möglichkeit angesehen, die eigene Angst zu lindern. All diese Verhaltensweisen fasst man unter dem Begriff *Agoraphobie* zusammen – wörtlich aus dem Griechischen übersetzt bedeutet er «Angst vor dem Marktplatz». Agoraphobie ist aber nicht nur auf öffentliche Orte beschränkt. So kommt es bei manchen Menschen auch zu großen Angstgefühlen, wenn sie zu Hause allein sind. Agoraphobie ist recht weit verbreitet – über sieben Prozent aller Frauen und fast drei Prozent aller Männer sind im Laufe ihres Lebens irgendwann einmal davon betroffen.

Menschen mit Agoraphobie neigen dazu, Situationen zu vermeiden, in denen im Falle von Panikgefühlen eine Flucht schwierig sein könnte. Sich solchen Situationen auszusetzen, ist für sie mit großen Angstgefühlen verbunden. Manche Betroffenen können solche Situationen (wie z. B. bei starkem Verkehr oder durch einen Tunnel zu fahren) nur aushalten, wenn sie von einer Person ihres Vertrauens begleitet werden. Andere wählen, wenn sie z. B. ins Kino oder ins Theater gehen, einen Platz, der am Gang und so dicht wie möglich am Ausgang liegt, so dass ihnen im Fall einer Panikattacke ein «Fluchtweg» offen steht.

Häufig übertragen sich solche Ängste auf ähnliche Situationen. Wer z. B. einmal eine Panikattacke in einem Restaurant bekam, meidet in Zukunft womöglich nicht nur dieses Restaurant, sondern mag gar nicht mehr auswärts essen gehen. Auf diese Weise kann es zu einer Eskalation des Vermeidungsverhaltens kommen, die die Betroffenen in ihrer Bewegungsfreiheit und in ihrem Aktionsradius immer mehr einschränkt – bis sie womöglich gar nicht mehr das Haus verlassen können.

Die Beziehungen zwischen Panikstörung und Agoraphobie sind äußerst komplex. Viele Menschen mit einer Panikstörung entwickeln auch Agoraphobie; andere wiederum tun dies nicht, so dass man in diesem Zusammenhang von einer «reinen» Panikstörung spricht. Agoraphobische Verhaltensweisen können aber auch völlig unabhängig oder infolge einer anderen Störung wie z. B. einer Depression entstehen. Und diese Verhaltensweisen können auch dann noch anhalten, wenn es längst nicht mehr zu Panikattacken kommt. Wenn ein Mensch mit Panikattacken allen Angst auslösenden Situationen aus dem Weg geht, kann es sein, dass er weitere Panikattacken damit unterbindet; das Vermeidungsverhalten an sich kann jedoch fortbestehen und zu einer Lebensgewohnheit werden.

Beispiele für Situationen, denen Menschen mit Agoraphobie häufig aus dem Weg gehen oder die bei ihnen Angst auslösen, sind:

- bei lebhaftem Verkehr Auto fahren,
- über Brücken oder durch Tunnel fahren,
- im Supermarkt einkaufen,
- sich an Orte begeben, an denen eine größere Menschenmenge versammelt ist,
- öffentliche Verkehrsmittel benutzen,
- zu Einladungen, ins Kino oder ins Theater gehen,
- längere Zeit Schlange stehen,
- zu Hause allein sein.

Warum entwickeln manche Menschen Agoraphobie?

Warum manche Menschen mit Panikstörungen auch Agoraphobie entwickeln, ist nicht klar. Zwei Mechanismen scheinen allerdings dazu beizutragen. Erstens ist die Angst, eine in einer bestimmten Situation erlebte Panikattacke könnte sich in der gleichen oder einer ähnlichen Situation wiederholen, ganz natürlich. Die vergangene Erfahrung warnt davor, sich an Orte oder in Situationen zu begeben, die schon einmal mit panischen Gefühlen verbunden waren. Auf diese Weise kommt es zu einer «Angst vor der Angst». Zweitens könnte eine gewisse «Konditionierung» beteiligt sein. Wir alle haben von Pawlows Hund gehört, der Speichel zu produzieren begann, sobald eine Glocke läutete, die er aufgrund vergangener Erfahrungen mit einer Fütterung in Verbindung brachte. Auf die gleiche Weise können Menschen «konditioniert» werden, auf an sich harmlose Situationen automatisch ängstlich zu reagieren, wenn sie in diesen Situationen wiederholt Angstgefühle erleben mussten. Ohne uns dessen bewusst zu werden, kann es also dahin kommen, dass wir unsere Panik mit Situationen assoziieren, in denen sie in der Vergangenheit aufgetreten ist, auch wenn diese Situationen an sich nicht wirklich gefährlich sind. Einige Menschen sind möglicherweise für eine solche «Konditionierung» anfälliger als andere und brauchen z. B. nur ein oder zwei Panikattacken in einem Supermarkt zu erleben, um zu «lernen», diesen Ort mit Panikgefühlen zu verbinden.

Auch die unterschiedliche Art und Weise, wie Menschen mit ihren Ängsten umgehen, könnte beeinflussen, ob die Entwicklung agoraphobischer Verhaltensweisen wahrscheinlich ist. Selbstbewusste Menschen sind meist eher in der Lage, ihre Ängste offensiv anzugehen, während andere, die möglichen Belastungen ohnehin lieber aus dem Weg gehen, sich eher zurückziehen. Menschen mit einer Neigung zu Trennungsängsten klammern sich wahrscheinlich eher an andere, um dadurch ein Gefühl der Sicherheit zu erlangen, und setzen sich Angst auslösenden Situationen z. B. nur noch in Begleitung von Vertrauenspersonen aus. Grundsätzlich entwickeln mehr Frauen als Männer agoraphobische Verhaltensweisen. Eine mögliche Erklärung dafür ist, dass in unserer Kultur an Männer und Frauen unterschiedliche Erwartungen herangetragen werden, was den Umgang mit Ängsten betrifft. Von Männern erwartet man (und sie selbst erwarten es daher von sich auch), dass sie sich «zusammenreißen» und gegen ihre Ängste «ankämpfen» (oft mit «Hilfe» von Alkohol), während bei Frauen bereitwilliger akzeptiert wird, dass sie sich aus Situationen, die ihnen Angst machen, zurückziehen.

Was verursacht Panikattacken und Agoraphobie?

Viele Betroffene berichten von stressreichen Ereignissen vor dem ersten Einsetzen von Panikattacken; einige dieser Stressfaktoren können danach fortbestehen oder sich gar verstärken. Ein Ehe- oder Beziehungsstreit, der Tod eines nahe stehenden Menschen, eigene Erkrankungen oder berufliche Probleme kommen in den Berichten über die Wochen oder Monaten vor dem Einsetzen der Attacken häufig vor. Andererseits ist fast jeder von uns immer wieder einmal stressreichen Ereignissen ausgesetzt, und längst nicht in jedem Fall kommt es zu Panikattacken. In der Regel ist daher eine Kombination verschiedener Faktoren beteiligt, und auch die körperliche wie psychische Anfälligkeit zur Zeit der Stressbelastung spielt eine entscheidende Rolle. Stress kann auch im Spiel sein, wenn Panikattacken über längere Zeit wiederkehren. Wie wir in Kapitel 3 noch sehen werden, gibt es darüber hinaus jedoch noch andere Faktoren, die dazu beitragen können, dass ein gewisser Teufelskreis weiter in Gang gehalten wird.

2. Wie wirken sich Panikstörung und Agoraphobie auf das Leben der Betroffenen aus?

Mein Leben dreht sich nur noch um die Angst vor einer weiteren Panikattacke. Ich kann mich nicht mehr auf meine Arbeit konzentrieren, die in letzter Zeit ohnehin stark gelitten hat. Außerdem hat mein Problem zu Konflikten in der Familie geführt. Meine Angehörigen meinen, ich sollte mich zusammenreißen und mir nicht so viele Sorgen machen. Mein Selbstvertrauen und meine Selbstachtung sind futsch. Aus Angst, mich zu blamieren oder wegen einer Panikattacke plötzlich wegrennen zu müssen, bin ich sowieso nicht mehr gern mit anderen Menschen zusammen.

Patricia

Panikattacken und Agoraphobie können auf das Leben der Betroffenen starke Auswirkungen haben. Ängste und Vermeidungsverhalten beeinträchtigen Arbeit, Ausbildung, Freundschaften und familiäre Beziehungen. Die ständige Angst vor einer weiteren Panikattacke macht die Betroffenen angespannt, übervorsichtig und wenig unternehmungslustig. Ihr Aktionsradius engt sich häufig drastisch ein. Angesichts dieser Tatsache ist es kein Wunder, dass sie häufig zusätzlich depressiv werden.

Depressive Gefühle

«Manchmal kann ich gar nicht mehr aufhören zu weinen ... Ich sehe keinen Hoffnungsschimmer und habe das Gefühl, zu nichts mehr nutze zu sein. Alle anderen Menschen um mich herum scheinen ihr Leben mühelos zu meistern ... Nur mein Leben ist von Angst und Panik beherrscht. Warum kann ich mich nicht einfach zusammenreißen? Warum kann nicht alles so unbeschwert sein wie früher? Je weniger ich die Panikattacken in den Griff bekomme, desto niedergeschlagener und selbstkritischer werde ich. Mein Selbstvertrauen ist dahin, ich bin nicht mehr gern unter Menschen, und meine Freunde und Bekannten scheinen sich von mir zurückzuziehen. Das Leben ist für mich so schwierig geworden, dass ich manchmal schon gedacht habe, dass ich gar nicht mehr weiterleben mag.»

Geoffrey

Manche Betroffenen erleben zusätzlich zu ihren Angstsymptomen Phasen der Depression. Zwischen 30 und 70 Prozent aller Menschen mit Panikstörungen entwickeln irgendwann auch depressive Gefühle, die Stunden oder Tage anhalten, manchmal aber auch Wochen oder gar Monate fortbestehen können. In leichteren Fällen sind sie mit Traurigkeit und häufigem Weinen verbunden, bei schwereren mit Gefühlen der Hoffnungslosigkeit, der persönlichen Wertlosigkeit und des eigenen Versagens. Die Betroffenen können sich nur schwer aufraffen, zu arbeiten oder unter Menschen zu gehen – nicht nur aus Angst vor möglichen Panikattacken, sondern auch wegen der geringen Selbstachtung, des gesunkenen Interesses an Außenkontakten und der mangelnden Fähigkeit, an geselligen Unternehmungen Freude zu finden.

Schamgefühle können die Depression verstärken. Die Betroffenen versuchen alles, um ihre Probleme geheim zu halten, erfinden Ausreden, um geselligen Zusammenkünften zu entgehen und nicht in die peinliche Verlegenheit zu kommen, ihre Probleme offenbaren zu müssen. All dies kann zu einem Teufelskreis führen, bei dem das Vermeiden angenehmer Aktivitäten (wie z. B. mit Freunden ins Kino oder zum Essen zu gehen) das Gefühl der Isolation verstärken, die Depression verschlimmern und so zu einem weiteren Motivationsverlust führen kann. Gefühle der Hilflosigkeit und Hoffnungslosigkeit paaren sich mit nagender Selbstkritik und einem immer stärker werdenden sozialen Rückzug. Der durch agoraphobische Verhaltensweisen zusätzlich eingeschränkte Aktionsradius trägt mit großer Wahrscheinlichkeit das seine zu den depressiven Gefühlen bei. Angst, Vermeidung und Depression wirken zusammen und vergrößern das persönliche Leid. Es ist wichtig, diese Teufelskreise zu erkennen und zu versuchen, sie zu durchbrechen, um den Genesungsprozess in Gang setzen zu können.

Menschen mit Panikattacken sind oft verzweifelt. Sie sehen keine Chance, ihre Situation zum Besseren zu wenden. Unter solchen Umständen kann es vorkommen, dass sie anfangen, zuviel zu essen, zuviel Alkohol zu trinken oder gar Drogen zu nehmen, um wenigstens vorübergehend ihre Probleme zu vergessen oder ihre Symptome zu unterdrücken. Wenn Paniksymptome von schweren Depressionen oder anderen psychischen Problemen begleitet werden, wächst das Risiko der Selbstaggression oder gar des Suizids. Auch deshalb ist es so wichtig, möglichst vor der Entstehung solcher verzweifelten Gefühle Schritte zur Genesung zu unternehmen. Bei den meisten Betroffenen legt sich die Depression, sobald die Angstsymptome nachlassen. In den wenigen Fällen, in denen die Depression auch nach einer deutlichen Besserung der Angstproblematik anhält, ist es wichtig, gezielte professionelle Hilfe zu suchen. Manche Menschen leiden unter einer Mischung aus Angst- und Depressionssymptomen; bei anderen ist die Depression das eigentliche Hauptproblem, und die Angstsymptome sind eher sekundär. Wenn Sie Zweifel haben, welches Ihr Hauptproblem ist – die Angst oder die Depression –, sollten Sie sich ärztlich oder psychotherapeutisch beraten lassen.

Auswirkungen auf das Zusammensein mit anderen

Meine Angst beherrscht mein ganzes Leben. Obgleich ich meine Familie liebe, kann ich mit niemandem darüber sprechen. Die anderen können einfach nicht verstehen, was ich durchmache. Durch meine Probleme ist zwischen mir und meinem Mann eine regelrechte Mauer gewachsen. Außerdem ist es mir vor meinen Freunden furchtbar peinlich, wenn ich Paniksymptome bekomme. Deshalb gehe ich anderen lieber aus dem Weg.

Joanne

Auf Familien-, Freundes- und Bekanntenkreise können Panikattacken tief greifende Auswirkungen haben. Situationen, in denen es zu Panikattacken kommt, sind oft außerhalb der eigenen vier Wände und in Gesellschaft anderer Menschen angesiedelt. Es ist verständlich, dass jemand, der im Kino oder in einem Restaurant Panikattacken bekam, ängstlich ist, wenn es darum geht, sich an solchen Orten aufzuhalten, und sie deshalb lieber meidet. Möglicherweise ersinnt er Ausreden, um nicht mit anderen ausgehen zu müssen, vor allem, wenn damit Situationen verbunden sind, in denen er Panikattacken befürchtet. Werden ihre Einladungen ständig ausgeschlagen, ziehen Freunde und Angehörige sich irgendwann frustriert und gekränkt zurück. Ebenso schwierig kann es aber auch sein, wenn die Betroffenen ihre Probleme anderen anvertrauen und die Erfahrung machen, dass ihre Probleme nicht ernst genommen und sie mit oberflächlichen Ratschlägen wie: «Reiß dich zusammen!» oder «Das ist doch nicht so schlimm!» abgespeist werden. Solche Reaktionen mögen unsensibel erscheinen, doch muss man bedenken, dass die meisten Nicht-Betroffenen nur wenig über Panikattacken und Agoraphobie wissen und möglicherweise nicht verstehen, wie schwierig es sein kann, diese Probleme zu überwinden. Da gelegentliche Angstgefühle ganz normal sind, meinen sie, auch Panikattacken müssten einigermaßen leicht zu überwinden sein, wenn man nur genug Willenskraft besitzt.

Starke Angst kann Liebesbeziehungen sehr belasten. Die Betroffenen können reizbar, mit den eigenen Gedanken beschäftigt und verschlossen wirken. Viele brauchen auch ständige Ermutigung und Unterstützung. Sie wünschen vom anderen, dass er tägliche Aufgaben wie Einkaufen, Bankgeschäfte oder das Abholen der Kinder von der Schule oder vom Kindergarten für sie erledigt. Möglicherweise haben sie das Gefühl, dass der andere ihre Probleme nicht richtig versteht. Die Partnerinnen und Partner der Betroffenen wiederum stehen häufig vor einem Rätsel, fühlen sich frustriert, hilflos und überfordert. Auf diese Weise kann ein Teufelskreis an Missverständnissen entstehen.

Ist der Genesungsprozess jedoch erst einmal in Gang gesetzt, lassen die akuten Symptome nach. Lernen die Betroffenen, wie sie ihre Angst meistern können, leben in der Regel auch die sozialen Beziehungen wieder auf. Die Betroffenen fühlen sich in der Familie sowie in ihrem Freundes- und Bekanntenkreis nun wieder viel wohler, und ihre Partnerinnen und Partner atmen erleichtert auf. Manchmal allerdings hat sich der Lebensstil der Familie im Laufe der Zeit so stark an den eingeschränkten Aktionsradius der Betroffenen angepasst, dass die Genesung von den anderen Familienmitgliedern die Aufgabe eigener Gewohnheiten und Erwartungshaltungen verlangt. Die Familie muss sich erst an ein Mitglied gewöhnen, das wieder aktiver, selbstbewusster und unabhängiger geworden ist. Auch dieser Anpassungsprozess kann von Spannungen und Unsicherheiten begleitet sein. Schließlich können es die anderen auch als ganz bequem empfinden, wenn ein Elternteil bzw. ein Partner oder eine Partnerin immer zu Hause ist!

3. Was sind die Ursachen von Panik und Agoraphobie?

Bei der Entstehung von Panikattacken und Agoraphobie wirken eine ganze Reihe von Faktoren zusammen. Die genaue Kombination ist von Person zu Person unterschiedlich. Drei Arten von Faktoren scheinen jedoch häufig beteiligt zu sein:

– Erstens sind manche Menschen aufgrund ihrer Veranlagung (Konstitution) oder ihrer frühen Erfahrungen im Leben besonders *anfällig*.

– Zweitens gibt es unmittelbare Stressfaktoren oder *Auslöser*, die zu einer plötzlichen Panikattacke führen können.

– Und drittens gibt es eine Reihe von Einflüssen, die den Prozess in Gang halten *(aufrechterhaltende Faktoren)* und häufig zu einem Teufelskreis führen, der die Panikattacken schlimmer werden oder häufiger auftreten lässt.

In diesem Kapitel wollen wir zusammenfassen, was man bis heute über Anfälligkeit, Auslöser und aufrechterhaltende Faktoren weiß.

Anfälligkeit für Panikattacken und Agoraphobie

Sind einige Menschen für Panikattacken und Agoraphobie anfälliger als andere? Tatsächlich scheint es körperliche, psychische und soziale Faktoren zu geben, die das Risiko, eine Panikstörung zu entwickeln, für manche von uns deutlich vergrößern. Einige dieser Faktoren gehen auf die Kindheit, andere auf spätere Erfahrungen zurück.

Erfahrungen in der Kindheit

Als ich klein war, hatte ich im Dunkeln große Angst. Ich hasste es, allein zu sein, und fürchtete stets, entführt zu werden. Wenn meine Eltern nicht da waren, malte ich mir aus, dass sie in einen Unfall geraten oder überfallen werden könnten. Diese Gedanken verunsicherten mich sehr.

Paul

In einigen (aber nicht in allen) Fällen sind Panikstörungen in der Familie angelegt. Dies kann eine Frage des genetischen Erbes und/oder der familiären Beziehungen sein. Bei eineiigen Zwillingen ist die grundsätzliche Neigung zu Nervosität und Ängstlichkeit («trait anxiety») ähnlich hoch oder niedrig – was nahe legt, dass wir die Anfälligkeit zur Entwicklung bestimmter Symptome mit unseren Genen erben. Viele Erwachsene mit Agoraphobie schildern das familiäre Umfeld ihrer Kindheit als kalt und wenig unterstützend. Manche, die später Panikstörungen entwickeln, hatten als Kinder starke «Trennungsängste», klammerten sich an andere, waren eher unsicher, hatten Angst vor dem Alleinsein und manchmal auch Schwierigkeiten mit dem Schulbesuch. Selbstverständlich sind die Interaktionen zwischen Kindern und ihren Eltern immer komplex, und es hat wenig Sinn, der einen oder anderen Seite vorzuwerfen, sie habe mit ihrem Verhalten die Angststörung hervorgerufen. Außerdem lässt sich nur schwer mit Gewissheit sagen, ob ein allzu behütendes Verhalten der Eltern («overprotectiveness») bei Kindern zur Verunsicherung führt, oder ob ängstliche Kinder von ihren Eltern mehr Aufmerksamkeit brauchen, als sie bekommen.

Wer als Kind traumatische Erlebnisse, Unfälle oder Missbrauchserfahrungen verkraften musste, scheint als Erwachsener einem erhöhten Risiko für Panikstörungen zu unterliegen. Allerdings machen solche Erfahrungen für eine große Bandbreite psychischer Schwierigkeiten anfällig, wobei die Panikstörung nur eine von vielen ist.

Bestimmte Ereignisse können jedoch für spätere Paniksymptome besonders bedeutsam sein. So können z. B. mit Atemnot verbundene Erlebnisse (z. B. wenn jemand als Kind fast ertrank oder erstickte oder schwere Asthmaanfälle erlitt) das Nervensystem für Veränderungen bei den Blutgaswerten im Blut besonders sensibel machen. Wenn die Betroffenen dann später einmal ängstlich werden oder hyperventilieren, ist die Gefahr, dass sie eine regelrechte Panikattacke bekommen, sehr viel wahrscheinlicher.

Spätere Erfahrungen

Psychische Faktoren

Warum kann ich mich nicht beherrschen? Vielleicht sollte ich gar nicht mehr aus dem Haus gehen? Dann kann ich wenigstens sicher sein, dass ich keine dieser schrecklichen Attacken mehr bekomme. Bestimmt wird mir bei einer dieser Attacken einmal etwas Schreckliches passieren. Mein Leben ist völlig aus den Fugen geraten.

Walter

Menschen, die zu Panikattacken neigen, haben oft eine ganz bestimmte Art zu denken. Sie vermuten hinter körperlichen Empfindungen (wie z. B. Herzklopfen) rasch etwas Gefährliches oder ziehen vorschnelle Schlussfolgerungen (z. B. dass sie einen Herzinfarkt bekommen). Die meisten Menschen sind in der Lage, irrealen Ängsten mit positiven, beruhigenden Gedanken zu begegnen («Der zuckende Schmerz im Oberbauch ist wahrscheinlich nur ein kleines Verdauungsproblem»). Wer zu vorschnellen, negativen Interpretationen («Katastrophendenken») neigt, glaubt eher, das eigene Leben oder seine Umwelt nicht beeinflussen zu können. Er empfindet Probleme rasch als übermächtig und hält es für eher unwahrscheinlich, sie selbst lösen zu können. Angesichts realer Probleme sind Besorgnis und Stress deswegen größer. Ein negativer Denkstil kann in einer familiären Umgebung erlernt werden, in der das Kind nicht genug Bestätigung oder Ermutigung erfährt. Er kann aber auch entstehen, wenn eine anfällige Person in der Kindheit große familiäre Probleme oder andere schwere Traumatisierungen erleben musste und ihre Selbstachtung dadurch untergraben wurde. In der jeweiligen Situation erschienen die Ereignisse unabwendbar und trugen zu der allgemeinen Einschätzung bei, dass Probleme sich nicht durch eigenes Zutun lösen lassen und das Leben auf Besorgnis erregende Weise unvorhersehbar ist.

Solche negativen Denkmuster können sich auch auf den Umgang mit Stress auswirken. Wie Menschen sich in stressreichen Situationen verhalten, ist individuell stark unterschiedlich. Manche Methoden sind hilfreicher als andere, und einigen Menschen gelingt es besser als anderen, Stress zu bewältigen. Die Methoden zur Stressbewältigung sind größtenteils erlernt und können durch wiederholten Einsatz zur Gewohnheit werden. Kinder lernen die Methoden von den prägenden Menschen in ihrer Umgebung – von Eltern, Lehrern und Freunden.

Einige eher negative Bewältigungsstrategien sind:
- aufgeben oder frustriert sein, wenn einem im Leben Hindernisse begegnen,
- Situationen vermeiden, die mit Unbehagen verbunden sind,
- angespannt und gereizt sein, wenn man seine Vorstellungen nicht sofort durchsetzen kann,
- sich zu sehr auf die Hilfe anderer verlassen,
- unangenehme Gefühle mit Alkohol, Medikamenten oder Drogen bekämpfen.

Wenn Sie für Angst anfällig sind, können solche negativen Bewältigungsstile die Symptome verschlimmern. Alte Gewohnheiten zu durchbrechen und neue, hilfreichere Verhaltensweisen zu erlernen, kann schwierig sein und viel Übung erfordern, lohnt sich aber in jedem Fall.

Soziale Faktoren

In letzter Zeit habe ich Tag und Nacht für mein Examen gebüffelt und hatte wenig Zeit für Sam. Es ist schwer zu sagen, warum unser Verhältnis so abgekühlt ist. Liegt es daran, dass ich so viel zu tun habe, oder macht die Panik, die ich immer wieder fühle, mich reizbarer? Sam ist verwirrt, und das ist kein Wunder, weil er gar nicht wissen kann, was in mir vorgeht. Aber ich habe Angst, ihm von den Attacken zu erzählen. Er könnte denken, ich wäre verrückt oder würde mich zu sehr hängen lassen. Gleichzeitig brauche ich seine Unterstützung jetzt mehr denn je.

Yvonne

Panikattacken kommen bei Menschen aus allen Schichten und Berufen vor. Frauen unterliegen jedoch einem größeren Risiko als Männer. Der Grund dafür ist bis heute unklar. Möglicherweise hat es mit der Rolle der Frauen in der modernen Gesellschaft zu tun, vielleicht spielen auch genetische oder hormonelle Faktoren mit, oder der mit dem Gebären und Aufziehen von Kindern verbundene Stress spielt eine Rolle. Vielfach wurde darauf hingewiesen, dass Frauen heute zwischen sehr gegensätzlichen Ansprüchen hin- und hergerissen sind, für ein gemütliches Heim ebenso sorgen sollen wie für den Lebensunterhalt. Beziehungsprobleme scheinen an der Entstehung von Panikstörungen häufig beteiligt zu sein, doch ist auch dies, wie wir bereits gesehen haben, ein sehr komplexer Bereich. Obgleich chronischer Stress in der Ehe und anderen langjährigen Partnerschaften ein wichtiger Faktor sein kann, gibt es unter den Menschen, die unter Panikattacken leiden, auch viele Singles. Es ist nicht immer leicht zu sagen, ob Stress in der Familie Ursache oder Ergebnis der Tatsache ist, dass ein Mitglied eine Panikstörung hat. Ist z. B. ein Partner sehr «dominant», könnte dies darauf beruhen, dass er die Unsicherheit seiner zu Panikattacken neigenden Partnerin zu kompensieren versucht; es könnte aber auch ein Faktor sein, der die Ängstlichkeit und Abhängigkeit seiner Partnerin verstärkt – ja, im Sinne einer echten Wechselwirkung könnte auch beides zutreffen.

Körperliche Faktoren

Ich hatte Krämpfe in der Brust, bekam keine Luft mehr, meine Brust fühlte sich an wie in einen Schraubstock gespannt, und mein Herz schmerzte, als würde es mit Nadeln gestochen. Ich ließ mich mehrmals im Krankenhaus untersuchen, aber immer hieß es, man könne «nichts finden». Die Symptome waren so real, dass ich sicher war, die Ärzte hätten etwas Schlimmes wie einen Herzinfarkt übersehen.

Frank

Menschen, die unter Panikattacken leiden, fragen sich meist, ob ihre Symptome real oder nur eine Folge ihrer «Phantasie» sind. Um Panikattacken verstehen zu können, ist es wichtig, die normale «Stressreaktion» des Körpers zu kennen. Ein plötzlicher Schreck oder eine akute Bedrohung ruft bei jedem Menschen extreme Angst hervor. Überlegen Sie, wie Sie reagieren würden, wenn plötzlich ein Auto um die Ecke biegen und in Höchstgeschwindigkeit an ihnen vorbeirasen würde oder wenn jemand laut und unerwartet hinter Ihnen eine Tür zuschlagen ließe. Sie wären mit einem Mal ganz wach und bekämen eine Gänsehaut, Ihr Herz würde pochen, und Sie würden am ganzen Körper zittern. Vielleicht würden Sie aufspringen, laut schreien oder wütend werden. Das ist die normale «*Flucht oder Kampf*»-Reaktion des Körpers, die uns hilft, uns in Zeiten der Bedrohung wirksam zu verteidigen. Kontrolliert wird sie durch die tief im Gehirn sitzenden Zentren des Nervensystems. Diese Zentren steuern das «autonome» (oder, weil es nicht dem bewussten Willen unterliegt, häufig auch «unwillkürlich» genannte) Nervensystem, das die Funktion aller inneren Organe und Drüsen koordiniert. Erhält das Gehirn ein bedrohliches Signal von der Außenwelt, wird sofort das autonome Nervensystem aktiviert. Es reagiert unmittelbar und ohne jede bewusste Einflussnahme unsererseits. Das von seinen Nerven ausgesendete Alarmsignal lässt die Herzmuskeln schneller kontraktieren, was sofort den Puls erhöht. Außerdem ziehen sich die Muskeln der Brustwand zusammen, was zu einer rascheren Atmung führt, und die Schweißdrüsen werden angeregt, mehr Schweiß auszusondern. Das autonome Nervensystem aktiviert auch die Hormondrüsen, die chemische Substanzen wie das als «Stresshormon» bekannte Adrenalin ins Blut ausschütten. Diese Substanzen bereiten den Körper auf schnelles Handeln vor, indem Sie mehr Blut in die Muskeln schicken, Zucker freisetzen und damit mehr Energie zur Verfügung stellen und die allgemeine Wachsamkeit erhöhen.

Die natürliche Angstreaktion ist lebenswichtig – im Notfall kann sie Ihnen tatsächlich das Leben retten. Die damit verbundenen körperlichen Empfindungen gehen auf reale physiologische Veränderungen zurück, die in der Regel wieder verschwinden, wenn die Bedrohung vorüber ist. Bei einer Panikstörung wird die «Kampf oder Flucht»-Reaktion jedoch auch dann ausgelöst, wenn sie eigentlich nicht ins reale Geschehen passt, weil keine direkte Bedrohung zu erkennen ist. Möglich ist, dass einige Menschen eine niedrigere «Auslöseschwelle» haben als andere, oder dass der im Nervensystem angesiedelte Kontrollmechanismus, der die «Kampf oder Flucht»-Reaktion beenden soll, bei ihnen weniger wirksam ist. Vom persönlichen Temperament abhängige Faktoren wie die hartnäckige Tendenz, sich ständig Sorgen zu machen, zusammen mit über einen längeren Zeitraum andauerndem Stress können den Grad der inneren körperlichen Anspannung erhöhen, so dass die Auslöseschwelle schneller erreicht wird. Selbst kleine Ereignisse können dann die «Kampf oder Flucht»-Reaktion einleiten und zur Panik führen. Weil Menschen mit einer erhöhten Anfälligkeit für Panikstörungen, wie wir gesehen haben, unangenehme Erfahrungen oder körperliche Empfindungen eher als bedrohlich interpretieren als andere, schicken sie dem Gehirn eine Art «Fehlalarm», der die «Kampf oder Flucht»-Reaktion auslösen kann. Wird die «Kampf oder Flucht»-Reaktion in Situationen ausgelöst, die zwar unangenehm, aber nicht wirklich gefährlich sind, kommt es zu den Symptomen einer Panikattacke. Die «Kampf oder Flucht»-Reaktion an sich ist jedoch ein normaler und nützlicher Vorgang, der darauf abzielt, den Organismus vor Gefahr zu schützen.

Für ansonsten gesunde Menschen sind die körperlichen Symptome der Panik zwar unangenehm, aber nicht gesundheitsschädlich. Dies ist eine sehr wichtige Tatsache, die man sich immer wieder vor Augen führen muss, denn die größte Angst der Betroffenen ist häufig, dass die Attacken für sie gefährlich oder lebensbedrohlich werden könnten.

Angstmechanismen im Nervensystem

Darüber, was genau unmittelbar vor und während extremer Angstgefühle im Gehirn vorgeht, ist viel geforscht worden. Bekannt ist, dass bestimmte chemische Substanzen, die «Neurotransmitter», Botschaften im Gehirn von einer Nervenzelle zur anderen weitergeben. Eine Reihe dieser Substanzen ist offenbar für die Nerven, die Angst und Alarmbereitschaft übermitteln, besonders wichtig. Unklar ist noch, wie diese «Boten»systeme sich bei Menschen mit Panikstörungen von denen bei anderen Menschen unterscheiden.

Es scheint aber so zu sein, dass viele der heute gegen Angstzustände eingesetzten Medikamente (siehe Kapitel 4) entweder die *Aktion* dieser Neurotransmitter oder die *Reaktion* der Nervenenden auf diese Neurotransmitter verändern. Wenn die Nervensysteme von zu Panikstörungen neigenden Menschen sich von denen anderer Menschen unterscheiden, dann auf sehr subtile Art und Weise, und zwar im Hinblick auf das sehr feine Gleichgewicht von bestimmten chemischen Substanzen und deren Wirkungen auf bestimmte Hirnbahnen. Mit anderen Worten: «Normale» Untersuchungen wie Röntgen oder Computertomografie führen bei Menschen mit Panikstörung zwangsläufig zu unauffälligen Befunden. Wird im Ausnahmefall doch einmal etwas gefunden, leidet die betreffende Person mit sehr großer Wahrscheinlichkeit nicht unter einer primären Panikstörung, sondern unter einer der relativ seltenen körperlichen Erkrankungen, deren Symptome einer Panikstörung ähneln.

Körperliche Erkrankungen, die panikähnliche Symptome auslösen können

In seltenen Fällen können körperliche Erkrankungen zu Symptomen führen, die einer Panikstörung ähneln. So kann es z. B. bei Funktionsstörungen der Schilddrüse (einer wichtigen Hormondrüse des Körpers, die u. a. den Energiestoffwechsel und die Körpertemperatur reguliert) zu Symptomen kommen, die Angst- und Panikgefühlen sehr ähnlich sind. Andere begleitende Symptome machen deutlich, dass eine körperliche Störung vorliegt. Gelegentlich sind angstähnliche Symptome jedoch das erste Anzeichen einer solchen körperlichen Erkrankung.

Zu den Erkrankungen, die panikähnliche Symptome auslösen können, zählen:

- Herzrhythmusstörungen und gelegentlich auch Erkrankungen der Herzgefäße,
- Störungen, die mit Atemnot verbunden sind,
- übermäßiger Einsatz bestimmter Medikamente, z. B. gegen Asthma,
- seltene Störungen der Drüsen, die Hormone und andere chemische Substanzen ausschütten,
- außergewöhnliche Arten von Epilepsie,
- übermäßiger Konsum von Koffein, Drogen oder Alkohol.

Wenn Sie befürchten, dass Sie eine ernsthafte körperliche Erkrankung haben, ist es wichtig, dass Ihre Ärztin bzw. Ihr Arzt eine vollständige Anamnese aufnimmt, sie gründlich untersucht und bestimmte Tests wie eine Blutanalyse veranlasst. Gibt es Anhaltspunkte für eine Herzerkrankung, können ein Ruhe-EKG, ein Belastungs-EKG und einige Blutuntersuchungen in der Regel zeigen, ob tatsächlich ein Problem vorliegt. Höchstwahrscheinlich werden diese Untersuchungen ergeben, dass Sie körperlich gesund sind, und Sie können dann ganz sicher sein, dass Ihre Symptome mit der Angstreaktion zusammenhängen. Wenn diese Untersuchungen Hinweise auf körperliche Erkrankungen (z. B. eine Funktionsstörung der Schilddrüse) ergeben, ist sehr wahrscheinlich, dass eine Behandlung dieser Störungen auch Ihre angstähnlichen Symptome beheben wird. Unter Umständen ist es auch möglich, dass Sie es sowohl mit einer körperlichen Erkrankung (z. B. Asthma oder einer Herzerkrankung) als auch mit einer Panikstörung zu tun haben; in solchen Fällen ist die gezielte Behandlung beider Probleme notwendig. Bei den allermeisten Betroffenen kann jedoch keine begleitende körperliche Erkrankung gefunden werden.

Wie wir gesehen haben, ist es zwar äußerst selten, dass eine Panikstörung von einer körperlichen Erkrankung verursacht wird, doch können die körperlichen Symptome so dramatisch sein, dass es den Betroffenen schwer fällt, daran zu glauben. So kann es dazu kommen, dass sie eine Vielzahl ärztlicher Meinungen einholen oder auf wiederholten Bluttests oder komplizierten Untersuchungsverfahren bestehen. Allein dieses Vorgehen kann Stress hervorrufen und die Angst verstärken, dass etwas «nicht in Ordnung» ist. In solchen Situationen hilft es, sich ins Gedächtnis zu rufen, dass die Sorge, an einer schweren körperlichen Erkrankung zu leiden, mit zu den häufigsten Symptomen einer Panikstörung gehört.

Wenn durch entsprechende medizinische Untersuchungen eine körperliche Erkrankung ausgeschlossen wurde, ist es daher am besten, diese an sich ja äußerst positive Nachricht innerlich anzunehmen und sich auf die Bewältigung der Angstsymptome zu konzentrieren, anstatt unnötige zusätzliche Untersuchungen durchführen zu lassen.

Hyperventilation

Ein typischer Auslöser von Paniksymptomen bei dafür anfälligen Menschen ist die «Hyperventilation», eine willentliche oder unwillentliche Beschleunigung der Atmung über den Körperbedarf hinaus. Viele Betroffene berichten, dass Ihre Atmung bei einer Panikattacke schneller und flacher wird. Dafür anfällige Menschen können aber auch chronisch hyperventilieren, ohne dies zu bemerken. Anzeichen für eine Hyperventilation sind flaches, häufiges Atmen, Seufzen, Gähnen, Hecheln oder Keuchen. In den meisten Fällen nicht als entsprechende Anzeichen gedeutete Symptome sind übermäßiges Seufzen und Gähnen. Die wenigsten wissen, dass Gähnen nicht unbedingt von Langweile und Seufzen nicht von Traurigkeit herrühren muss, sondern beide auch als Signale innerer Angst gelten können! Wenn Sie also feststellen, dass Sie während des Tages immer wieder seufzen und gähnen müssen, könnte es sein, dass Sie chronisch hyperventilieren und daher dem Risiko unterliegen, Paniksymptome und Panikattacken zu provozieren. Normalerweise besteht im Blut ein Gleichgewicht von Sauerstoff und Kohlendioxid. Hyperventilation führt dazu, dass mehr als die üblichen Mengen Kohlendioxid ausgeatmet werden, was es den roten Blutkörperchen (Erythrozyten) im Blut schwerer macht, Sauerstoff an den Körper abzugeben. Mit anderen Worten: Je heftiger man atmet, desto weniger Sauerstoff gelangt ins Gehirn! Hyperventilation führt daher zu den typischen Paniksymptomen wie Schwindel, Benommenheit und Schwächegefühl. Psychischer Stress kann bewusst oder unbewusst zu Hyperventilation führen oder sie verstärken und so vor allem bei Menschen, die ohnehin zum chronischen Hyperventilieren neigen, eine Panikattacke auslösen. Hat die Attacke erst einmal eingesetzt, wird die Atmung noch schneller und flacher, und der «Hyperventilation-Panik»-Kreislauf beginnt. Auch die ängstliche Fehlinterpretation der mit der Hyperventilation einhergehenden körperlichen Symptome kann Angst und Panik vergrößern und den Teufelskreis in Gang setzen (siehe **Abb. 1**).

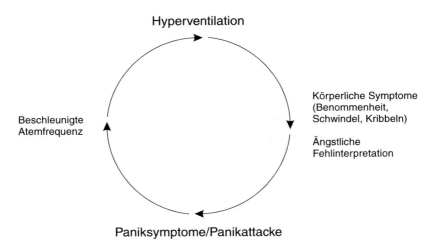

Abbildung 1: Die Verbindung von Hyperventilation und Paniksymptomen

Übermäßiger Konsum von Alkohol, Drogen und Medikamenten

> Wenn ich vor dem Ausgehen ein, zwei Gläser Bier trank, war es weniger wahrscheinlich, dass ich eine Attacke bekam. Nach einer Weile musste ich aber schon mehr trinken, um die Attacken unter Kontrolle zu halten. Später wachte ich dann morgens ganz zittrig auf und musste gleich etwas trinken, um wieder ruhiger zu werden. Irgendwann wusste ich nicht mehr, ob ich eine Panikattacke hatte oder einfach nur etwas Alkoholisches brauchte.
>
> *Bill*

Einer der wichtigsten körperlichen Faktoren, die zu Angst und Panik beitragen können, ist der übermäßige Konsum von Alkohol, Drogen oder anderen Stimulanzien. Wer Trost sucht, indem er raucht und kannenweise Kaffee oder starken Tee in sich hineinschüttet, fordert sein Nervensystem mit diesen starken Stimulanzien geradezu heraus. Ihr übermäßiger Konsum senkt die Auslöseschwelle und macht weitere Attacken wahrscheinlicher. Auch Marihuana, Kokain, Amphetamine und andere anregende Substanzen können Panikattacken auslösen oder verschlimmern.

Für Menschen mit Panikattacken kann es verlockend erscheinen, die Angstsymptome mit Alkohol oder Beruhigungsmitteln (z. B. Barbituraten) zu dämpfen und sich dadurch Mut zu machen. Doch wie viele, die dies versuchten, aus leidvoller Erfahrung wissen, hält die erwünschte Wirkung nur kurze Zeit an. Auf lange Sicht verstärken Alkohol und Beruhigungsmittel die Angst. Denn während z. B. die Alkoholmenge, die man braucht, um die Angst in Schach zu halten, stetig wächst, kommt es immer öfter zu Entzugserscheinungen (wie starkes Zittern), wenn man die erforderliche Menge nicht zu sich nimmt. Das Gleiche gilt für Beruhigungsmittel. Die Entzugserscheinungen ähneln den Paniksymptomen und komplizieren die zugrunde liegende Panikstörung. Wie bei vielen anderen der bereits erwähnten Faktoren ist die Beziehung zwischen Alkohol- bzw. Medikamenten- oder Drogenkonsum und Panikstörung komplex. Wichtig ist herauszufinden, was zuerst kam, die Angst oder der Alkohol. Vielleicht waren die Panikattacken oder Angstsymptome da, ehe Sie verstärkt zu trinken begannen. Auch wenn der übermäßige Alkoholkonsum erst im Nachhinein dazu kam, also das sekundäre Problem darstellt, kann er zu Abhängigkeit führen und Ihre Organe (z. B. Leber, Magen und Gehirn) schädigen, was körperliche Erkrankungen, aber auch psychische Probleme wie Angst hervorrufen kann. Kamen dagegen die Paniksymptome erst an zweiter Stelle und die Alkoholabhängigkeit lag als erstes vor, werden die Angstsymptome sich aller Wahrscheinlichkeit nach bessern, sobald Sie das Trinken unter Kontrolle gebracht haben. Doch auch wenn die Angst an erster Stelle stand, kann sich der Alkoholkonsum als eigenständiges Problem festgesetzt haben, das einer eigenen, zielgerichteten Behandlung bedarf. Eine Panikstörung zu überwinden und weiter Alkohol zu trinken, ist selten möglich.

Was hält den Teufelskreis in Gang?

Viele Menschen erleben, wenn sie unter extremem Stress stehen, in ihrem Leben gelegentlich einmal eine Panikattacke. Auch wenn die Erfahrung für sie sehr unangenehm war, wird sie rasch wieder vergessen und beeinträchtigt ihr Leben nicht weiter. Bei anderen setzt sich jedoch ein sich ständig erneuernder Prozess oder Teufelskreis in Gang, der dazu führt, dass die Panikattacken als Teil einer Kettenreaktion immer wiederkehren. Auch die dazu beitragenden Faktoren können wiederum psychischer, sozialer und körperlicher Natur sein.

Psychische Faktoren

Wie wir gesehen haben, erhöhen die «Angst vor der Angst» und die «Angst vor einer schweren Erkrankung» das Risiko, von einer Panikattacke in die nächste zu schliddern. In gewissem Sinne führen die Betroffenen und ihr Nervensystem dabei einander gegenseitig an der Nase herum. Am Anfang steht eine für Panikattacken anfällige Person z. B. wegen beruflicher oder familiärer Probleme unter großem Stress, so dass sie sich, ohne sich dessen bewusst zu sein, von ihrer inneren Anspannung her der Auslöseschwelle für eine Panikattacke nähert. In einer solchen Situation kann eine geringfügige zusätzliche Belastung wie ein plötzliches Geräusch, ein grelles Licht, eine dichte Menschenmenge oder eine Frustration beim Einkaufen sie über diese Schwelle schieben, so dass es zu einer Panikattacke kommt. Mit anderen Worten: Dem autonomen Nervensystem wurde ein Notzustand «vorgetäuscht».

Bei all diesen Überlegungen sollte man sich ins Gedächtnis rufen, dass die Reaktionen des autonomen Nervensystems grundsätzlich eher grobschlächtig und primitiv sind, da sich dieser Mechanismus in der Geschichte der menschlichen Evolution sehr früh entwickelte, um uns vor wilden Tieren und anderen offensichtlichen Gefahren zu schützen. Dafür, ein komplexes Urteil über die Gefährlichkeit eines modernen Supermarkts zu treffen, ist er nicht gedacht! Wird er jedoch einmal ausgelöst, tritt die gesamte «Kampf oder Flucht»-Reaktion in Kraft – angesichts der hohen inneren Anspannung geht das autonome Nervensystem davon aus, dass die Situation gefährlich sein *muss*! Weil der quasi das Fass zum Überlaufen bringende letzte Stress-Tropfen für sich gesehen von eher geringer Bedeutung ist, ist die Person sich einer unmittelbaren Gefahr aber nicht bewusst. Folglich ist sie von der heftigen Reaktion ihres Nervensystems völlig verwirrt und interpretiert sie verständlicherweise als Anzeichen dafür, verrückt zu werden oder die Beherrschung zu verlieren. Die als bedrohlich und unheimlich empfundenen körperlichen Empfindungen (z. B. Herzklopfen, starkes Schwitzen, Kribbeln in Händen und Füßen) scheinen mit der Situation selbst nichts zu tun zu haben. Dass die Betroffenen sie für die Symptome einer ernsthaften körperlichen oder psychischen Erkrankung halten, ist deshalb ganz verständlich. Auch wenn die «Flucht oder Kampf»-Reaktion längst wieder abgeebbt ist, bleiben sie oft mit großen, noch lange nachklingenden Ängsten zurück, fürchten, sie wären schwer erkrankt, müssten sterben oder hätten die ersten Anzeichen einer schweren psychischen Erkrankung. Bestimmte Hintergrundfaktoren halten diese Ängste am Leben oder schüren sie sogar zusätzlich. Neigt die betroffene Person ohnehin zum Katastrophendenken, verstärkt dies die Angst vor dem möglichen Tod oder Kontrollverlust. Jede körperliche Empfindung wird als Anzeichen dafür gewertet, dass die «Krankheit» zurückkehrt oder gar schlimmer wird.

Zusätzlich verschlimmert wird die Situation durch den starken Konditionierungseffekt. Um sich vor künftiger «Gefahr» zu schützen, «erinnert» sich Ihr Nervensystem daran, in welcher Situation es zur «Kampf oder Flucht»-Reaktion kam. Es «warnt» Sie dann, indem es frühzeitig Angstsymptome produziert, sobald Sie sich dieser oder einer ähnlichen Situation nähern. Auf diese Weise entsteht ein Teufelskreis aus Angst, Vermeidung und Agoraphobie.

Auch einige eher weniger hilfreiche Versuche, die Situation zu «bewältigen», machen sie in Wirklichkeit nur noch schlimmer. Manche Menschen teilen sich gerade bei Stress ihre Zeit sehr schlecht ein und geraten damit unter immer größeren, Angst auslösenden Druck. Andere haben ein starkes Bedürfnis nach Anerkennung und haben Probleme mit dem «Nein»-Sagen. Aus Angst vor Zurückweisung neigen sie dazu, sich zu viele Aufgaben aufzubürden und zu viele Ansprüche zu erfüllen, um die durch ihre Angst und Panikattacken verursachten Schwierigkeiten zu kompensieren. Auch in diesem Fall entsteht Angst auslösender Druck. Wieder andere versuchen, «riskanten» Situationen aus dem Weg zu gehen, und ziehen sich immer mehr zurück. Die Gefahr besteht, dass sie niedergeschlagen und mutlos werden, ihre Selbstachtung und ihr Selbstvertrauen verlieren. Eine letzte Gruppe schließlich ist so entschlossen, das Problem zu bekämpfen, dass sie sich wiederholt in schwierige Situationen zwingt, ohne dabei entsprechende Techniken einzusetzen, die bei der Überwindung ihrer Ängste helfen könnten. Dieser Versuch führt häufig zu einer Eskalation von Stress und Frustration; zudem erhöht er die Wahrscheinlichkeit, weitere Panikattacken zu erleiden.

Soziale Faktoren

Die sozialen Probleme, die vor dem Einsetzen einer Panikstörung zum Aufbau einer starken inneren Spannung beigetragen haben, können auch danach weiter bestehen und die Betroffenen so zunehmendem Stress unterwerfen. Berufliche oder familiäre Schwierigkeiten können seit Jahren bestehen und kaum kurzfristig zu lösen sein. Der innere Stress (Angst vor einer weiteren Panikattacke) gesellt sich zum äußeren Stress (bei der Arbeit oder in der Familie), die Spannung nimmt zu, und das Risiko, eine weitere Panikattacke zu erleben, steigt. Um den äußeren (also z. B. den beruflichen) Stress zu lindern, neigen viele Betroffene dazu, ihre Freizeitaktivitäten einzuschränken. Anstatt sich zu entspannen, Sport zu treiben oder mit ihrer Familie erholsame Ausflüge zu unternehmen, machen sie Überstunden oder bringen sich Arbeit mit nach Hause, um dem Druck die Spitze zu nehmen. Sie erkennen in dem Augenblick nicht, dass der zunehmende Druck, dem sie sich damit selbst aussetzen, die Rückkehr der Panikattacken wahrscheinlicher macht. Ist dieser Teufelskreis erst einmal in Gang gesetzt, wird es für die Betroffenen immer schwieriger zu erkennen, ob der Stress «von außen» oder «von innen» kommt.

Körperliche Faktoren

Bestimmte Erkrankungen wie eine schwere Erkältung oder eine Grippe können von Symptomen begleitet sein, die an Angstgefühle erinnern und so die Paniksymptome verstärken. Virusinfektionen z. B. führen zu Fieber, Schwitzen, Müdigkeit, Benommenheit und Schwächegefühl; Menschen mit Panikstörung neigen dazu, solche Symptome als Verschlimmerung ihrer Angstproblematik fehlzudeuten. Wie bereits erwähnt, ist es relativ selten, dass den Paniksymptomen eine ernsthafte körperliche Erkrankung zugrunde liegt; wenn jedoch eine solche Erkrankung vorliegt, sollte sie getrennt und gezielt behandelt werden.

Die meisten körperlichen Faktoren, die zu einer Panikstörung führen, können auch zu deren Fortbestehen beitragen. Der bereits erklärte Hyperventilation-Panik-Kreislauf kann das Risiko weiterer Attacken erheblich erhöhen, vor allem bei Menschen, deren Zustand von Sorge und Stress gekennzeichnet ist. Ein schlechter gesundheitlicher Allgemeinzustand, Einbußen bei der körperlichen Leistungsfähigkeit und Schlafmangel verschlimmern die Situation. Ein stressreicher Lebensstil erhöht das Risiko der Überanstrengung (z. B. wenn jemand Treppen hoch rennt, um rechtzeitig ins Büro zu kommen), kann Empfindungen wie starkes Schwitzen, Herzklopfen und rasches Atmen hervorrufen, die als Paniksymptome fehl gedeutet und die Betroffenen glauben machen können, ihre Situation sei schlimmer als dies in Wirklichkeit der Fall ist. Unter diesen Umständen könnten die Betroffenen in Versuchung geraten, mit «Hilfe» von Alkohol, Medikamenten, Drogen oder anderen Stimulanzien ihre Symptome zu dämpfen und ihre Leistung zu steigern. Wie stark eine Panikstörung durch ein solches Verhalten kompliziert wird, kann gar nicht oft genug betont werden.

Psychische Faktoren	Soziale Faktoren	Körperliche Faktoren
Andauernder Stress	Chronischer Stress	Hyperventilation
Schlechter Umgang mit Stress	Hektischer Lebensstil	Schlafmangel, Überanstrengung
Angst vor Krankheit	Familiäre Spannungen	Schlechter gesundheitlicher Allgemeinzustand
Angst vor weiteren Panikattacken	Nicht ausreichende Freizeit	Alkohol
Negatives Denken: • Katastrophendenken • Gefühl des Kontrollverlusts • Verlust von Selbstachtung und Selbstvertrauen	Soziale Isolation	Drogen

Abbildung 2: Was eine Panikstörung aufrechterhält – Zusammenfassung

4. Wie lassen sich Panikstörung und Agoraphobie wirksam behandeln?

Bei der Behandlung von Panikstörungen hat es seit den frühen 1980er Jahren beeindruckende Fortschritte gegeben. Mehrere umfassende klinische Studien sowie die langjährige klinische Erfahrung von Experten zeigen, dass sich mit gezielten, angeleiteten Übungen für die meisten Betroffenen eine gute Genesung erzielen lässt. Zwar untersuchten die meisten Studien Menschen mit allen Symptomen einer ausgeprägten Panikstörung mit und ohne Agoraphobie, doch kann mal wohl mit Fug und Recht davon ausgehen, dass sich die Ergebnisse auch auf Menschen mit weniger intensiven Paniksymptomen übertragen lassen. Die untersuchten Behandlungsmethoden umfassen sowohl psychologische Interventionen, darunter insbesondere die Techniken, die unter die grobe Überschrift «Kognitive Verhaltenstherapie» fallen, als auch bestimmte Medikamente, vor allem die so genannten trizyklischen Antidepressiva sowie schwache Tranquilizer (Benzodiazepine).

Im zweiten Teil dieses Buches beschreiben wir einen kognitiv-verhaltenstherapeutischen Ansatz zur Selbstbehandlung. Zuvor wollen wir in diesem Kapitel zunächst kurz über in Frage kommende Medikamente sprechen; weitere Einzelheiten können Sie mit Ihrer Ärztin oder Ihrem Arzt besprechen. Anschließend wollen wir den kognitiv-verhaltenstherapeutischen Ansatz beschreiben. Andere Therapiemethoden, die bei Panikstörungen zum Einsatz kommen können, sind z. B. die auf psychoanalytischen Prinzipien beruhende traditionelle Psychotherapie, die Familien- und Paartherapie sowie verschiedene neuere Formen der Psychotherapie. Leserinnen und Leser, die sich über diese Ansätze und über Vertreterinnen und Vertreter dieser therapeutischen Richtungen in ihrer

Nähe genauer informieren möchten, sollten dies mit Ihrer Ärztin oder Ihrem Arzt besprechen oder sich in einer psychologischen Beratungsstelle informieren.

Medikamente

Was den Einsatz von Medikamenten bei Panikstörungen betrifft, gehen die Meinungen der Expertinnen und Experten auseinander. Mehrere Studien haben gezeigt, dass Medikamente wie bestimmte Tranquilizer (die so genannten Benzodiazepine) und trizyklische Antidepressiva (die traditionellerweise bei der Behandlung von Depressionen zu Anwendung kommen) Paniksymptome tatsächlich reduzieren können. Therapeutinnen und Therapeuten, die dem Einsatz solcher Medikamente kritisch gegenüberstehen, erheben folgende Einwände:

– Viele der Betroffenen wollen keine Medikamente einnehmen.

– Medikamente haben Nebenwirkungen, die zusätzlich beunruhigen können.

– Einige Medikamente können nach längerer Einnahme zur Abhängigkeit führen; die Entzugserscheinungen beim Absetzen solcher Medikamente können von angstähnlichen Symptomen begleitet sein.

– Die Einnahme von Medikamenten hilft den Betroffenen nicht, ihr Problem grundsätzlich in den Griff zu bekommen.

– Nach dem Absetzen der Medikamente kann es zu Rückfällen kommen.

– Die Medikamenteneinnahme kann dem Versuch, hilfreiche Techniken zur Kontrolle der Angst zu erlernen, in manchen Fällen entgegenstehen.

Kurzfristig können Medikamente durchaus nützlich sein, z. B. wenn die Angst sehr groß ist, wenn die Person nicht gleich in der Lage ist, mit dem Üben hilfreicher Techniken zu beginnen, oder wenn andere Umständen dagegen sprechen, sofort mit einer psychologischen Behandlung zu beginnen. Wo immer möglich sollten jedoch stets auch nichtmedikamentöse Behandlungsansätze ausprobiert werden, um den Bedarf an Medikamenten so gering wie möglich zu halten. Werden Medikamente eingesetzt, sollte dies grundsätzlich nur unter direkter Kontrolle erfahrener Fachleute geschehen. Auf diese Weise ist sichergestellt, dass die Dosis sorgfältig überwacht wird, mögliche Nebenwirkungen beobachtet werden und das Medikament allmählich wieder abgesetzt wird, sobald dies angezeigt erscheint.

In Frage kommende Medikamente

Trizyklische Antidepressiva

Die trizyklischen Antidepressiva bilden eine Gruppe von Psychopharmaka, die ursprünglich zur Behandlung von Depressionen eingesetzt wurden, sich im Laufe der Zeit aber auch bei der Behandlung anderer Erkrankungen wie Panikstörungen, Zwangsstörungen und chronischen Schmerzen als wirksam erwiesen haben. Donald Klein stellte fest, dass Imipramin Paniksymptome lindert; weitere Studien zeigten die Wirksamkeit von Imipramin und verwandten trizyklischen Antidepressiva bei der Behandlung von Panikstörungen. Gemeinsam scheint diesen Medikamenten zu sein, dass sie die Wirkung bestimmter natürlicher chemischer Substanzen im Gehirn, der so genannten Neurotransmitter, verstärken. Neurotransmitter übermitteln Signale von einer Nervenzelle zur nächsten. Die Reaktivierung der betroffenen Nervenbahnen scheint die Angst zu stabilisieren.

Trizyklische Antidepressiva werden in der Regel abends eingenommen, und die Dosis wird allmählich erhöht. Bis sich eine positive Wirkung einstellt, können ein bis drei Wochen vergehen. Zu den möglichen Nebenwirkungen gehören Müdigkeit (weshalb die Mittel auch am besten abends eingenommen werden), Mundtrockenheit, verschwommenes Sehen und Schwindel beim Aufstehen («Lageschwindel»). In der ersten Zeit können sich Nervosität und Anspannung auch verstärken. Durch den allmählichen Aufbau der Zieldosis können die Nebenwirkungen gemindert werden. Häufig verschwinden sie nach einigen Wochen der Behandlung völlig. Während diese Medikamente bei gesunden Menschen ungefährlich sind, können sie für Menschen mit ernsthaften körperlichen Erkrankungen wie Herz- oder Nierenproblemen nicht geeignet sein. Außerdem kann es bei hohen Dosen zu Risiken kommen, und es können gefährliche Wechselwirkungen mit Alkohol oder anderen Medikamenten entstehen.

Eine neuere Gruppe von Psychopharmaka, die bei der Behandlung von Panikstörungen zum Einsatz kommt, verstärken ebenfalls die Wirkung der Neurotransmitter im Gehirn. Es handelt sich um die «Selektiven Serotonin-Wiederaufnahmehemmer (SSRI)», z. B. Fluoxetin, Paroxetin und Setralin, sowie die «Reversiblen MAO-A-Hemmer», z. B. Moclobemid. Sie sind tendenziell auch bei Menschen mit körperlichen Erkrankungen besser einsetzbar als die älteren Medikamente und haben weniger Nebenwirkungen. Sie werden in der Regel am Morgen eingenommen, da sie sonst in den frühen Phasen der Behandlung zu Schlafstörungen führen könnten. Andere mögliche Nebenwirkungen sind Kopfschmerzen und Übelkeit, doch lassen diese erfahrungsgemäß nach einigen Wochen nach. Obgleich diese Medikamente viel versprechend sind, sind weitere Studien notwendig, um zu bestätigen, dass sie bei Panikstörungen auch auf lange Sicht tatsächlich hilfreich sind.

Benzodiazepine

Benzodiazepine bilden eine Gruppe von Psychopharmaka, die bei Panikstörungen recht häufig verschrieben werden. Das am gründlichsten untersuchte Medikament dieser Gruppe heißt Alprazolam und scheint ebenso wirksam zu sein wie Imipramin. Es hat Nebenwirkungen, vor allem Müdigkeit und Konzentrationsprobleme. Der hauptsächliche Nachteil der Benzodiazepine liegt in dem Gewöhnungseffekt (um die gleiche Wirkung zu erzielen, muss die Dosis im Laufe der Zeit erhöht werden), einer möglichen Abhängigkeit und dem Risiko unangenehmer Entzugserscheinungen beim Absetzen des Medikaments. Diese Entzugserscheinungen können Paniksymptomen ähneln, was die Betroffenen häufig davon abhält, das Medikament tatsächlich abzusetzen. Das langsame «Ausschleichen» mit einer über einen längeren Zeitraum reduzierten Dosis sollte daher von erfahrenen Fachleuten sorgfältig überwacht werden. Viele Ärztinnen und Ärzte ziehen es vor, Benzodiazepine nur in Einzelfällen und über kurze Zeiträume einzusetzen und so bald wie möglich durch nichtmedikamentöse Methoden zu ersetzen, um die Angstsymptome langfristig in den Griff zu bekommen.

Andere Medikamente

Gelegentlich verschreibt man Menschen mit Panikstörungen auch Betablocker, die normalerweise bei Bluthochdruck und anderen Herzproblemen eingesetzt werden. Mit den Betablockern versucht man, einigen der körperlichen Paniksymptome wie Zittern und Herzklopfen entgegen zu wirken. Auf die psychischen Symptome haben diese Medikamente keinen

Einfluss, doch empfinden es manche Menschen als sehr entlastend, wenn die körperlichen Symptome weniger ausgeprägt sind, und können so besser mit den Panikattacken umgehen.

Buspiron ist ein weiterer Wirkstoff, der bei verschiedenen Arten von Angststörungen erfolgreich eingesetzt worden ist, wenn auch eher bei «generalisierten Angststörungen» als bei Paniksymptomen. Wie bei den oben erwähnten antidepressiven Medikamenten tritt die Wirkung oft erst verzögert ein, so dass der Wirkstoff einige Wochen lang eingenommen werden muss, ehe eine Entlastung spürbar wird.

Psychologische Behandlungsverfahren

Bei der Behandlung von Panikstörungen kommen mehrere psychologische Ansätze zur Anwendung. Die in diesem Buch beschriebenen Techniken gründen sich im Wesentlichen auf die Prinzipien der kognitiven Verhaltenstherapie. Ihr Vorteil ist, dass sie in den letzten Jahrzehnten gründlich erforscht wurden. Dabei konnte nachgewiesen werden, dass sie, wenn sie systematisch angewendet werden, Paniksymptome und Agoraphobie deutlich lindern können. Ein weiterer großer Vorteil ist, dass jeder Mensch sie leicht selbst erlernen und in die Praxis umsetzen kann. Die Erfahrung, die Paniksymptome letztlich aus eigener Kraft in den Griff bekommen zu haben, verhilft langfristig zu einem sehr viel hilfreicheren Umgang mit den eigenen Angstgefühlen.

Die kognitive Verhaltenstherapie gründet auf den Prinzipien der *Lerntheorie*, die besagt, dass viele unserer Verhaltensweisen mitsamt der durch sie hervorgerufenen Symptome infolge eines sich stets wiederholenden Reaktionsmusters entstehen. Mit anderen Worten: Was unsere Reaktion auf Stressreize aus unserer Umwelt betrifft, können wir ungünstige Gewohnheiten herausbilden, und diese erlernten Verhaltensweisen wiederum können zu negativen Symptomen führen. Doch wenn man solche Gewohnheiten *er*lernen kann, kann man sie auch wieder *ver*lernen und sich bewusst bessere Methoden der Bewältigung aneignen, die nicht zu negativen Gefühlen und Problemen führen. Die kognitive Verhaltenstherapie bietet Menschen mit Panikstörungen und Agoraphobie die Möglichkeit, neue Methoden im Umgang mit schwierigen Situationen und den durch sie hervorgerufenen Ängsten einzuüben.

Wie wir bereits gesehen haben, gibt es verschiedene Arten des Lernens. Wenig hilfreiches Lernen kann Gewohnheiten hervorbringen, die Angstsymptome begünstigen. Konditionierung kann dazu führen, dass eine bestimmte Reaktion wie extreme Angst jedes Mal auftritt, wenn wir einer bestimmten Situation ausgesetzt sind. Wer z. B. wiederholt in einem Supermarkt Panik erlebt, wird darauf konditioniert, ängstlich zu reagieren, sobald er einen Supermarkt betritt, auch wenn er in Wirklichkeit gar nicht bedroht ist. Indem man die Situation vermeidet, geht man auch den mit ihr verbundenen unangenehmen Gefühlen aus dem Weg. Die Erleichterung, die man dabei verspürt, verstärkt die Tendenz zur Vermeidung weiter. Das Risiko, dass die agoraphobischen Symptome sich verschlimmern, wird dadurch verstärkt. Hat es sich einmal festgesetzt, ist das Vermeidungsverhalten meist schwer wieder abzulegen. Seine Überwindung muss deshalb über längere Zeit systematisch geübt werden. Bewährt hat sich dabei die Methode der *systematischen Desensibilisierung*, bei der die bisherigen Angstgewohnheiten schrittweise abgebaut werden. Nach einem vorher festgelegten Plan setzt man sich der gefürchteten Situation nach und nach weiter aus und nimmt sich dafür so viel Zeit, dass mögliche Angstgefühle abklingen können, ehe man die Situation wieder verlässt. Auf diese Weise wird eine *Gegenkonditionierung* erzielt, das heißt, die automatische Verbindung zwischen Situation und Angstreaktion wird außer Kraft gesetzt und die Situation wird statt dessen zunehmend mit positiven oder zumindest angstfreien Gefühlen assoziiert. Natürlich braucht dieser Umschwung in der Regel Zeit und regelmäßiges Üben. Vor allem aber ist das systematische Vorgehen wichtig. Wer sich überstürzt gefürchteten Situationen aussetzt, kann die Angstreaktion verschlimmern. Aus diesem Grund geht man grundsätzlich schrittweise vor, beginnt mit den am wenigsten Angst auslösenden Aspekten der Situation und arbeitet sich dann ganz allmählich zu den stärker gefürchteten Aspekten vor. Auch das regelmäßige Üben ist eine wesentliche Voraussetzung des Erfolgs. Werden die Übungen nur in großen Abständen gelegentlich einmal durchgeführt, gibt man den alten Gewohnheiten zuviel Zeit und Raum, sich erneut einzuschleichen und festzusetzen.

Unsere inneren Denkprozesse oder *kognitiven Mechanismen* spielen beim Lernen ebenfalls eine wichtige Rolle. Das «ABC»-Modell kann diese Form des Lernens deutlich machen: «A» steht für die Situation, den Ort oder das Ereignis in der Außenwelt, «B» dafür, wie wir dies interpretieren oder was wir darüber denken, und «C» bezeichnet unsere Gefühls- und Verhaltensreaktion. Nach der kognitiven Theorie ist Komponente B für das menschliche Lernen wesentlich: Häufig ist es nicht das äußere Ereignis selbst, das uns niedergeschlagen sein oder ängstlich fühlen lässt, sondern die Art und Weise, wie wir dieses Ereignis interpretieren.

Wir alle kennen aus eigener Anschauung die Tatsache, dass dasselbe Ereignis verschiedene Menschen auf sehr unterschiedliche Weise berühren kann. Wenn die Chefin oder der Chef schlechte Laune hat, gehen einige Mitarbeiterinnen und Mitarbeiter sofort davon aus, dies sei ihre Schuld, sie hätten etwas falsch gemacht und müssten umso härter arbeiten, um die Situation zu entschärfen. Andere dagegen zucken mit den Schultern und vermuten, dass privater Ärger hinter der schlechten Laune steckt und sie nichts damit zu tun haben. Die erste Gruppe reagiert ängstlich, besorgt und mit schlechtem Gewissen und legt womöglich ein paar Überstunden ein, während die zweite Gruppe einfach ganz normal weiter arbeitet und davon ausgeht, dass sich die Laune ihrer Chefin oder ihres Chefs schon wieder bessern wird.

Kognitive Techniken anzuwenden hilft uns, negative Interpretationen von Ereignissen oder Situationen zu erkennen, zu hinterfragen und – wenn nötig – abzuändern. Häufig machen wir uns durch unsere «negativen Voraussagen» selber Angst, weil wir das schlechtmöglichste Ergebnis erwarten. Ehe wir uns überhaupt in eine bestimmte Situation oder an einen bestimmten Ort begeben, warnen uns unsere gewohnten Denkprozesse, dass wir in Stress geraten, Angst entwickeln oder gar eine Panikattacke bekommen könnten. Infolgedessen fürchten wir uns vor der Situation und gehen ihr tunlichst aus dem Weg. Wenn wir aber versuchen, diese negativen Denkprozesse zu erkennen und systematisch zu verändern, kann es uns gelingen, unsere Erwartungsängste zu reduzieren und den Panikattacken so den Nährboden zu entziehen. Auch das typischerweise mit Paniksymptomen verbundene Katastrophendenken lässt sich mit Hilfe kognitiver Techniken kritisch hinterfragen, so dass es möglich wird, Panikattacken zu verkürzen, ihre Wirkung zu verändern und sie schließlich gar ganz abzuwenden.

Die kognitive Verhaltenstherapie ermöglicht den Betroffenen, Panik und Agoraphobie zu erkennen, sich genau klarzumachen, wie die Symptome entstehen, sowie systematische Methoden anzuwenden, mit denen sich diese Symptome verhindern oder zumindest unter Kontrolle bekommen lassen. Da das Problem sowohl vom Denken als auch vom Verhalten her angegangen wird, entsteht eine äußerst günstige Kombination von Techniken, die doppelt hilft, echte Verbesserung zu erzielen.

Die den Genesungsprozess leitenden Prinzipien lassen sich wie folgt zusammenfassen:

– Verstehen, wie es zu Panikattacken und Panikstörungen kommt und wie die «Angst vor der Angst»- und «Angst vor Krankheit»-Teufelskreise funktionieren.

- Fähigkeiten erlernen, die nötig sind, um die Angstsymptome zu bekämpfen.
- Übungen durchführen, um negative Denkprozesse wie z. B. das Katastrophendenken durch hilfreichere zu ersetzen.
- Einen Ansatz für einen gelasseneren Umgang mit den Angst auslösenden körperlichen Empfindungen entwickeln und lernen, die Bedeutung dieser Empfindungen realistischer einzuschätzen.
- Die gefürchteten, bisher vermiedenen Situationen schrittweise angehen, um agoraphobische Verhaltensweisen zu überwinden.

Kombinationsbehandlung

In manchen Fällen kann auch eine Kombination aus psychologischen (vor allem kognitiv-verhaltenstherapeutischen) Techniken und medikamentöser Behandlung sinnvoll sein. Wenn jemand unter schweren oder sehr häufigen Panikattacken leidet, kann die Angst so groß sein, dass er nicht in der Lage ist, gleich mit dem Üben psychologischer Techniken anzufangen. In solchen Situationen kann es hilfreich sein, den kurzfristigen Einsatz von Medikamenten zu erwägen, bis die Angst soweit gelindert ist, dass man zu kognitiv-verhaltenstherapeutischen Strategien übergehen kann. Die Medikamentendosis kann dann ganz allmählich verringert und der Genesungsprozess mit einer kognitiv-verhaltenstherapeutischen Behandlung weitergeführt werden.

Wird die Behandlung helfen?

Manche Menschen mit Panikstörungen haben Angst, ihre Symptome nie wieder überwinden zu können – eine Angst, die den Genesungsprozess behindern kann. Zum Glück ist aber eine deutliche und anhaltende Besserung durch den Einsatz kognitiv-verhaltenstherapeutischer Methoden bei weit über 80 Prozent aller Beteiligten nachgewiesen (einige Studien berichten sogar von noch höheren Erfolgsraten). Mit anderen Worten: Haben Menschen mit Panikstörungen erst einmal gelernt, ihre Panikattacken unter Kontrolle zu bekommen und schließlich ganz abzuwenden, können sie über lange Zeit, oft sogar über viele Jahre hinweg symptomfrei bleiben. Und selbst wenn sie zu irgendeinem späteren Zeitpunkt noch einmal einige Symptome erleben, sind diese in der Regel milder und sehr viel leichter wieder unter Kontrolle zu bringen. Zu lernen, wie Sie die Angst in den Griff bekommen, kann sich für Sie also *wirklich* lohnen. Den Nutzen werden Sie nicht nur sofort, sondern auch noch viele Jahre später spüren.

5. Einige kurze Hinweise zur Begrifflichkeit

Obgleich die Begriffe «Panikattacke» und «Agoraphobie» schon viel länger bestehen, wurde die «Panikstörung» erst 1980 in die dritte Ausgabe des weltweit führenden Klassifikationssystems «Diagnostisches und Statistisches Manual psychischer Störungen» (DSM-III) der American Psychiatric Association (APA) aufgenommen. Vorher galt die Panikstörung als Teil einer «Angstneurose», der man viele verschiedene Arten von Ängsten zurechnete.

Die Definition von Panikattacken und Panikstörung

Die vierte und bisher jüngste Ausgabe des DSM (DSM-IV) schreibt vor, dass mindestens vier von dreizehn aufgelisteten Symptomen vorliegen müssen, um eine Panikattacke diagnostizieren zu können (siehe **Tab. 1**). Die meisten Betroffenen erleben mehr als vier dieser Symptome, und natürlich kann ein- und dieselbe Person zu verschiedenen Zeiten unterschiedliche Symptome haben. Um die Kriterien für eine Panikstörung zu erfüllen, müssen die Betroffenen «wiederkehrende unerwartete Panikattacken» erleben *und* über einen Zeitraum von mindestens einem Monat weitere Attacken befürchtet haben (siehe **Tab. 2**).

Die Definition von Agoraphobie

Nach dem Klassifikationssystem der American Psychiatric Association können Panikstörungen mit oder ohne Agoraphobie auftreten. Die Kriterien für die Diagnose von Agoraphobie sind in **Tabelle 3** aufgelistet. Es

Tabelle 1: Kriterien für die Diagnose von Panikattacken

Eine Panikattacke ist eine klar abgrenzbare Episode der intensiven Angst und des Unbehagens, bei der mindestens vier der nachfolgend genannten Symptome abrupt auftreten und innerhalb von zehn Minuten einen Höhepunkt erreichen:

1. Palpitationen, Herzklopfen oder beschleunigter Herzschlag,
2. Schwitzen,
3. Zittern oder Beben,
4. Gefühl der Kurzatmigkeit oder Atemnot,
5. Erstickungsgefühle,
6. Schmerzen oder Beklemmungsgefühle in der Brust,
7. Übelkeit oder Magen-Darm-Beschwerden,
8. Schwindel, Unsicherheit, Benommenheit oder der Ohnmacht nahe sein,
9. Derealisation (Gefühl der Unwirklichkeit) oder Depersonalisation (sich losgelöst fühlen),
10. Angst, die Kontrolle zu verlieren oder verrückt zu werden,
11. Angst zu sterben,
12. Parästhesien (Taubheit oder Kribbelgefühle),
13. Hitzewallungen oder Kälteschauer

(Quelle: DSM IV, S. 456)

Tabelle 2: Kriterien für die Diagnose einer Panikstörung

Vorliegen müssen sowohl 1 als auch 2:
1. wiederkehrende unerwartete Panikattacken,
2. bei mindestens einer der Attacken folgte mindestens ein Monat mit mindestens einem der nachfolgend genannten Symptome:
   a. anhaltende Besorgnis über das Auftreten weiterer Panikattacken,
   b. Sorgen über die Bedeutung der Attacke oder ihre Konsequenzen (z. B. die Kontrolle zu verlieren, einen Herzinfarkt zu erleiden, verrückt zu werden),
   c. deutliche Verhaltensänderung infolge der Attacken.

(Quelle: DSM-IV, S. 463)

Tabelle 3: Kriterien für die Diagnose von Agoraphobie

Angst, an Orten zu sein, von denen eine Flucht schwierig (oder peinlich) sein könnte oder wo im Falle einer unerwarteten oder durch die Situation begünstigten Panikattacke oder panikartiger Symptome Hilfe nicht erreichbar sein könnte.
Die Situationen werden vermieden oder sie werden nur mit deutlichem Unbehagen oder mit Angst vor dem Auftreten einer Panikattacke oder panikähnlicher Symptome durchgestanden bzw. können nur in Begleitung aufgesucht werden.

(Quelle: DSM-IV, S. 457)

gibt Menschen, die unter Agoraphobie leiden, ohne je eine Panikstörung gehabt zu haben; bei manchen ist sie auch mit einer anderen Störung wie einer Depression verbunden.

Wie verbreitet sind Panikstörung und Agoraphobie?

Etwa zehn Prozent der Allgemeinbevölkerung haben mindestens einmal im Leben eine unerwartete Panikattacke, etwa zwei bis sechs Prozent entwickeln im Laufe ihres Lebens irgendwann einmal eine Panikstörung. Etwa zwei Drittel der Betroffenen sind Frauen und bei etwa 60 Prozent der Betroffenen wird die Panikstörung von Agoraphobie begleitet.

Besonders häufig setzen Panikstörungen im Alter von Mitte bis Ende zwanzig ein; sie können aber auch in jedem anderen Lebensalter beginnen. Viele Panikstörungen bleiben unbehandelt. Von den Betroffenen, die therapeutische Hilfe suchen, sind die meisten etwa Mitte dreißig.

Panik, Agoraphobie und andere Angststörungen

Panikattacken können in spezifischen Situationen auftreten und auch von anderen Angststörungen herrühren. So kann es z. B. zu heftigen Paniksymptomen kommen, wenn jemand bestimmten Objekten oder Situationen ausgesetzt ist (Spinnen, hohe Gebäude, Flugreisen). In solchen Fällen leiden die Betroffenen unter spezifischen *Phobien*. Menschen mit einer *Sozialen Phobie* z. B. erleben intensive Angstgefühle, wenn sie mit unbekannten Personen konfrontiert sind oder von anderen Personen beurteilt werden könnten, also z. B., wenn sie in der Öffentlichkeit essen oder eine Rede halten müssen. Menschen mit einer *Zwangsstörung* dagegen reagieren ängstlich, wenn sie sich in der Gefahr wähnen, sich zu beschmutzen, oder ihre Rituale des Überprüfens, Nachzählens oder ständigen Waschens nicht ausführen können. Und wer ein besonders belastendes Erlebnis zu verarbeiten hatte und deshalb unter einer *posttraumatischen Belastungsstörung* leidet, reagiert schreckhaft oder übersängstlich, wenn irgendetwas ihn an sein Trauma erinnert.

Auch das unter der Bezeichnung *Generalisierte Angststörung* bekannte Syndrom kann mit Paniksymptomen verbunden sein. Charakteristisch für diese Störung sind übermäßige Angst und Sorge (oft in Form von Erwartungsängsten) um bestimmte Ereignisse oder Tätigkeiten (wie Arbeit oder Schulleistungen). In ihrer reinen Form schließt sie akute Panikattacken allerdings nicht mit ein. Zwar kann es zwischen beiden Störungen große Überlappungen geben, doch zeigen die meisten Studien deutliche Unterschiede hinsichtlich der Familiengeschichte, Vererbungsmuster und Reaktionen auf verschiedene Behandlungsformen.

Obgleich alle diese Zustände zur «Familie» der Angststörungen gehören und sie sich bei derselben Person überschneiden oder gleichzeitig bestehen können, lohnt es sich, bei der Diagnose sehr genau darauf zu achten, welche Form der Angst vorherrschend ist. Ein verbesserter Umgang mit Stress wirkt sich auf die meisten Angstsymptome günstig aus, doch tritt in Forschung und Praxis zunehmend deutlicher zu Tage, dass für jede Störung spezifische Techniken am nützlichsten sind. Mit anderen Worten: Je genauer die Entsprechung zwischen Diagnose und Behandlung, desto besser das Ergebnis.

Falls Sie unsicher sind, um welche Probleme es sich in Ihrem Fall handelt, lassen Sie sich ärztlich oder psychotherapeutisch beraten oder suchen Sie eine psychologische Beratungsstelle auf.

Teil II
Panikattacken überwinden: Ein Selbsthilfe-Programm

Einführung

Als die ersten Attacken kamen, dachte ich, sie würden von alleine wieder verschwinden. Nachdem sie sich ein paar Monate lang aber immer wiederholten, wurde mir klar, dass etwas zu tun war. Trotzdem hätte ich nie gedacht, dass ich in psychologische Behandlung muss. Es schienen doch körperliche Symptome zu sein. Ich dachte, ich hätte Herzprobleme oder so etwas, und ich wollte schnell geheilt werden. Diese schrecklichen Attacken sollten endlich aufhören.

Lorraine

Um Panikattacken unter Kontrolle zu bekommen oder gar ganz abzuwenden, können eine ganze Reihe psychologischer Techniken eingesetzt werden. Viele wissen nicht, dass es solche Techniken gibt und dass sie wirklich wirksam sind. Anderen erscheint es vielleicht zu mühsam, diese Techniken zu erlernen, weil sie sich sofortige Linderung wünschen oder nicht wissen, wie sie Unterstützung finden können.

Selbsthilfe als Chance

Wichtig ist deshalb erst einmal die gute Nachricht, dass es möglich ist, Methoden zu erlernen, mit denen sich die Panik wirksam in den Griff bekommen lässt, und dass man sich solche Methoden mit einem Selbsthilfebuch wie diesem aneignen kann. Wer möchte, kann unser Buch auch in Verbindung mit einer therapeutischen Behandlung einsetzen. Ob sie es allein oder gemeinsam mit einer Therapeutin oder einem Therapeuten nutzen – dieses Buch will Ihnen im Kampf gegen Panikattacken und Agoraphobie helfen, indem es Ihnen genau erklärt, welche Schritte Sie unternehmen müssen, um Ihre Probleme Schritt für Schritt zu überwinden.

Für wen ist dieses Selbsthilfebuch gedacht?

Die Beschäftigung mit diesem Buch kann vielen Menschen helfen, die mehr über Panikstörungen und Agoraphobie erfahren möchten. Grob gesagt lassen sich vier Gruppen unterteilen, für die es besonders hilfreich sein kann:

1. Menschen, die gegenwärtig unter Panikattacken mit oder ohne Agoraphobie leiden und gezielte Techniken zur Bekämpfung der Angst erlernen möchten. Für viele von ihnen kann es völlig ausreichend sein, dieses Buch durchzuarbeiten, um die Paniksymptome unter Kontrolle zu bringen. Wer sich bereits in einer Einzel- oder Gruppentherapie befindet, wird in dem Buch eine hilfreiche Ergänzung finden.

2. Menschen, die in der Vergangenheit Panikattacken hatten und gezielte Techniken erlernen möchten, um eine Rückkehr der Symptome zu verhindern. Wer frühe Anzeichen erkennen kann und zu bekämpfen weiß, gewinnt an Selbstvertrauen und Gewissheit, mögliche Rückfälle wirksam abwehren zu können.

3. Menschen, die wichtige Prinzipien der Angstbekämpfung zwar schon kennen, diese aber bisher nicht in Form eines systematischen Programms erlernt haben. Werden die einzelnen Techniken planlos und ohne die nötige Übung umgesetzt, sind sie aller Wahrscheinlichkeit weniger wirksam. Das in diesem Buch vorgestellte sechsstufige Programm bietet eine systematische Methode für die Überwindung und Prävention von Panikattacken.

4. Angehörige und Freunde von Menschen mit Panikattacken, die besser verstehen wollen, worum es dabei geht. Häufig wollen sie helfen, wissen aber nicht, wie. Dabei kann die richtige Unterstützung durch Angehörige und Freunde für die Überwindung von Angstsymptomen sehr wichtig sein. Dieses Buch zeigt angemessene und konstruktive Möglichkeiten der Unterstützung auf.

Wer sollte ärztliche oder therapeutische Hilfe in Anspruch nehmen?

Nicht allen Menschen mit Paniksymptomen kann allerdings mit diesem Buch geholfen werden. Ärztliche oder therapeutische Hilfe sollten Sie in jedem Fall in Anspruch nehmen, wenn Sie zu einer der folgenden sechs Gruppen gehören:

1. Menschen, die an einer der seltenen körperlichen Erkrankungen leiden, die mit panikähnlichen Symptomen verbunden sind. In diesem Buch geht es um die Behandlung von Panikattacken, die mit psychischen Faktoren zusammenhängen. In Teil I haben wir eine Reihe von Erkrankungen aufgezählt, die zwar selten sind, aber Symptome hervorrufen können, die Panikattacken ähnlich sind. Wenn Sie den Verdacht haben, dass Sie an einer dieser Erkrankungen leiden könnten, sollten Sie mit Ihrem Arzt oder Ihrer Ärztin sprechen.

2. Menschen, die unter schwerer Agoraphobie leiden, vor allem, wenn diese Störung nicht mit Panikattacken verbunden ist. Diese Menschen brauchen die gründliche Diagnose und intensive Hilfe erfahrener Fachleute. Unser Buch ist für Menschen gedacht, die in erster Linie an einer Panikstörung leiden, die entweder gar nicht oder in einem gewissen Maße von Agoraphobie begleitet wird. Wenn das Vermeiden bestimmter Orte oder Situationen Ihr Hauptproblem ist, sollten Sie sich in jedem Fall ärztlich oder therapeutisch beraten lassen.

3. Menschen, die unter schweren Depressionen leiden und Panikattacken haben. Es könnte ihnen schwer fallen, die nötige Motivation aufzubringen, um ein solches Selbsthilfeprogramm auch wirklich durchzuhalten. Möglicherweise muss erst die depressive Erkrankung behandelt werden, ehe die aktive Arbeit an der Bekämpfung der Angstsymptome beginnen kann. Vielleicht sind antidepressive Medikamente nötig, damit sich die Stimmung heben und die betroffene Person sich ausreichend konzentrieren kann, um mit dem Selbsthilfeprogramm zu beginnen. Einige Hinweise zum Umgang mit Depressionen finden sich am Ende des Buches.

4. Menschen, denen das Selbstvertrauen fehlt, sich allein an ein solches Selbsthilfeprogramm zu machen. Ein halbherziges Üben der vorgestellten Techniken kann nicht zu zufrieden stellenden Ergebnissen führen. Wenn Ihre Motivation durch mangelndes Selbstvertrauen untergraben wird, kann die Zusammenarbeit mit einer Therapeutin oder einem Therapeuten Ihnen helfen, die nötige Energie und Zuversicht zu entwickeln.

5. Menschen, die einen starken Widerstand gegen die Vorstellung haben, den eigenen Lebensstil verändern zu müssen. Vor allem, wenn die Panikstörung schon längere Zeit besteht und sich festgesetzt hat, kann es sein,

dass die Betroffenen ihr Leben um das Problem herum organisiert haben. Die Vorstellung, dass eine Genesung hier Veränderungen erforderlich machen wird, kann bedrohlich erscheinen und rundweg abgelehnt und vermieden werden. Panikstörung und Agoraphobie können selbst zu einem Lebensstil werden, der schwer zu überwinden ist. Eine gründliche Annäherung an diese Thematik mit Hilfe einer erfahrenen Therapeutin oder eines erfahrenen Therapeuten kann in solchen Fällen notwendig sein.

6. Menschen, bei denen Panikattacken und Agoraphobie nur Anzeichen tiefer liegender emotionaler, sozialer oder persönlichkeitsbedingter Probleme sind. So könnten z. B. Menschen, die bei Stress zu Alkohol oder Drogen greifen, zunächst (oder gleichzeitig) eine Suchtbehandlung brauchen, ehe sie versuchen, ihre Paniksymptome anzugehen. Auch Menschen, die neben den Panikattacken eine schwere psychische Erkrankung wie eine schwere Depression oder Psychose haben, wird unser Buch nicht helfen können. Suchen Sie in solchen Fällen bitte unbedingt ärztliche oder psychotherapeutische Hilfe.

Mögliche Hindernisse

Wer weiß, welche Hindernisse sich ihm schon gleich zu Beginn eines Selbsthilfeprogramms in den Weg stellen können, hat bessere Chancen, diese Hindernisse zu überwinden.

Angst vor Veränderung

Das auf dieses Kapitel folgende sechsstufige Programm empfiehlt, die Aspekte Ihres Lebens, die Panikattacken und Agoraphobie verursachen und aufrecht erhalten, möglichst zu verändern. Die Vorstellung, den eigenen Lebensstil verändern zu müssen, kann auf viele Menschen zunächst jedoch entmutigend wirken. Es erscheint ihnen angenehmer und beruhigender, alles so zu lassen, wie es ist – ja, der bloße Gedanke an mögliche Veränderungen kann seinerseits mit Angst verbunden sein! Deshalb ist es wichtig, sich immer wieder die Realität vor Augen zu halten: Ein stark eingeschränkter Lebensstil – z. B. nicht mehr in die Stadt gehen oder mit dem Zug fahren zu können – kann Ihr Leben zwar «bequemer» machen, auf lange Sicht behindert er Sie aber doch enorm in der Entfaltung Ihrer Möglichkeiten.

Mangelnde Unterstützung

Auch die Reaktion von Freunden oder Angehörigen auf Ihre Absicht, ein Selbsthilfeprogramm durchzuführen, kann entmutigend sein. Diese Reaktion kann aus offener Ablehnung oder aus Zweifeln bestehen, dass ein Buch Ihnen helfen kann. Auch Argwohn und übermäßiger Beschützerdrang können zum Ausdruck kommen. Schließlich kann auch die Befürchtung beteiligt sein, dass sich an Ihrem Lebensstil etwas ändert, wenn Ihr Zustand sich zu bessern beginnt. Wo auch immer der Grund für die mangelnde Unterstützung zu suchen sein mag – wichtig ist, sich klar zu machen, dass die Entscheidung zur Veränderung eine ganz individuelle Entscheidung ist, die nur Sie allein für sich selbst treffen können. Natürlich kann die Unterstützung von Freunden und Angehörigen hilfreich sein – für Ihren Erfolg ist es aber nicht notwendig. dass Sie erst alle Menschen in Ihrer Umgebung nach Ihrer Meinung fragen, ehe Sie das Selbsthilfeprogramm beginnen.

Sich die Vorteile der Veränderung vor Augen führen

Ganz am Anfang kann es nützlich sein, sich die möglichen Vor- und Nachteile einer Überwindung von Panikattacken und Agoraphobie klarzumachen. Eine Liste, auf der sie die jeweilige Verbesserung oder Verschlechterung Ihrer Lebensqualität mit Werten zwischen −10 und +10 bewerten, kann helfen, Ihr Denken auf die vielen Gründe *für* eine Veränderung zu konzentrieren. Ein Minuswert zeigt eine Verschlechterung, ein Pluswert eine Verbesserung an. (0 steht für «keine nennenswerte Veränderung in der Lebensqualität».) Ein Beispiel für eine solche Liste finden Sie in **Tabelle 1**.

Wenn Sie die Vorteile der Veränderung auf diese Weise auflisten, können Sie sich immer wieder vor Augen führen, warum es so wichtig ist, Panikattacken und Agoraphobie zu überwinden. Auch wenn Ihnen das ganze Programm gelegentlich einmal zu mühsam erscheinen oder es vorübergehend Rückschläge geben sollte, hilft es sehr, sich diese Liste erneut durchzulesen.

Es ist wichtig, die Überwindung von Panikattacken als lohnendes und notwendiges Unterfangen anzusehen, das ebenso wichtig und bedeutsam ist wie andere Aufgaben, zu denen man sich verpflichtet hat (z. B. das eigene berufliche Fortkommen zu sichern, für ein Examen zu lernen oder für eine Familie zu sorgen). Menschen mit Panikattacken wünschen sich

Tabelle 1: Vorteile der Veränderung

Vorteile der Veränderung	Auswirkung auf Lebensqualität (−10 bis +10)	Folgen keiner Veränderung	Auswirkung auf Lebensqualität (−10 bis +10)
Allein zum Supermarkt gehen können	+7	Warten müssen, bis Freund/Mutter mit mir einkaufen geht	−3
Einen Job finden können	+9	Zu Hause bleiben und vor dem Fernseher hocken müssen	−5
Mit Freunden ins Kino gehen können	+5	Warten, bis das Video herauskommt	−4
Freunde zum Essen einladen können	+8	Auf alle Gruppenerlebnisse verzichten müssen	−4

häufig ein «Zaubermittel», das ihre Angstsymptome mit einem Mal beseitigt. Wenn es so einfach wäre, würden Sie dieses Buch nicht lesen! In Wirklichkeit erfordert der Sieg über Panikstörungen und/oder Agoraphobie Zeit, Einsatz und Entschlossenheit. Wenn Sie bereit sind, jeden kleinen Erfolg als einen Schritt zur Überwindung des Problems zu werten, und wenn Sie akzeptieren, dass es auf dem Weg immer wieder kleine Rückschläge geben kann, wird es Ihnen letztlich auch gelingen, Ihr Ziel zu erreichen.

Umgang mit Rückschlägen

Rückschläge kann es bei jedem Behandlungsprogramm geben. Vor allem am Anfang kann es schwierig sein, gleich alle Stressquellen und Auslöser von Panikattacken auf einmal in den Griff zu bekommen. Manchmal treffen auch mehrere kleinere Stressquellen in schneller Folge aufeinander, was es schwierig macht, die beabsichtigten Veränderungen im Alltag tatsächlich umzusetzen. Auch belastende Ereignisse wie der Tod eines Angehörigen oder die ernsthafte Erkrankung eines engen Freundes können zu einer Wiederkehr von Panikattacken und Agoraphobie führen. Schließlich gibt es besondere Lebensumstände, die Rückschläge wahrscheinlicher machen. So flammen Angstsymptome z. B. manchmal bei Überarbeitung, unzureichendem Schlaf oder Virusinfektionen wieder auf. Können solche Stressquellen wirksam werden, ehe man die Techniken zur Angstkontrolle ausreichend beherrscht, kann es sein, dass sie zu Rückschlägen führen.

Die Art und Weise, wie man mit solchen kleineren Rückschlägen umgeht, hat große Auswirkungen auf den langfristigen Erfolg. Man kann sich von einem kleinen Rückschlag demoralisieren lassen und ihn als Zeichen dafür deuten, dass es ohnehin zwecklos wäre, mit dem Programm fortzufahren; man kann das Programm abbrechen, völlig resignieren, zunehmend agoraphobisch werden und sich von den Menschen in seiner Umgebung völlig abhängig machen. Man kann sich aber auch vor Augen führen, dass kleinere Rückschläge die Chance bieten, die neu erlernten Techniken zur Angstbewältigung in neuen Situationen zu üben, und kann neue Formen von Stress als Herausforderung und nicht als Katastrophe deuten.

Der Impuls abzubrechen

Die meisten Menschen verspüren während des Programms irgendwann einmal den Impuls, das Programms abzubrechen. Das Zurückfallen in die alten, zwar einengenden, aber dafür vertrauten und als sicher empfundenen Verhaltensweisen kann so viel bequemer erscheinen als die Mühe, die damit verbunden ist, eine Veränderung herbeizuführen.

Wenn Sie den Impuls verspüren, das Programm abzubrechen, probieren Sie es mit einer der folgenden Methoden:

– Lesen Sie Ihre Liste mit den «Vorteilen der Veränderung» (siehe Tab. 1), um sich daran zu erinnern, dass sich das Weitermachen lohnt.

– Sprechen Sie mit einem wohlmeinenden Freund oder Angehörigen über die Vorteile einer Überwindung der Angstsymptome; im gemeinsamen Gespräch können Sie sich erinnern, warum es sich lohnt, mit dem Selbsthilfeprogramm fortzufahren.

– Machen Sie sich klar, dass eine kurze Unterbrechung des Programms keine Katastrophe ist, und stellen Sie sich darauf ein, an einer früheren Stufe wieder einzusteigen, sobald Sie dazu bereit sind.

– Überlegen Sie, ob Sie vielleicht versucht haben, das Programm zu schnell durchzuziehen, und sich möglicherweise nicht genug Zeit gelassen haben, die auf einer früheren Stufe eingeführten Techniken gründlich zu üben. Eine Wiederholung bereits erlernter Techniken und eine Verlangsamung des zukünftigen Tempos können in diesem Fall hilfreich sein.

- Malen Sie sich ausführlich aus, wie schön es wäre, ein panikfreies Leben zu führen, und stellen Sie sich all die Aktivitäten vor, die dann wieder möglich wären. Ist das nicht ein lohnender Anreiz zum Weitermachen?

Quälende Gedanken und Fragen

Vielleicht stellen Sie sich selbst immer wieder die gleichen Fragen, die Ihre Zuversicht und Ihr Selbstvertrauen untergraben. Es lohnt sich, einige dieser Fragen gleich zu Beginn kritisch unter die Lupe zu nehmen.

«Warum können die Panikattacken nicht einfach aufhören?»

Diese Frage wird von Menschen mit Panikstörungen immer wieder gestellt. Wichtig ist, sich klarzumachen, dass die erste Panikattacke zwar wie aus heiterem Himmel gekommen sein mag, die Stressfaktoren, die zum Beginn der Panikattacken geführt haben, sich aber häufig über mehrere Monate oder gar Jahre zusammengebraut und gesteigert haben. Die physiologischen Vorgänge in Ihrem Körper haben sich dem allmählich angestiegenen Grad der Anspannung angepasst, die erhöhte Anspannung ist zur «Gewohnheit» geworden. Deshalb dauert es auch seine Zeit, bis sich die körperlichen Mechanismen wieder auf einer «normalen» Ebene eingependelt haben, bei der die Anspannung nicht so dicht an der «Kampf oder Flucht»-Schwelle liegt. Ohne diesen Prozess der körperlichen Neujustierung wird es nicht gehen. Einfach zu «beschließen», von jetzt an keine Panikattacken mehr zu bekommen, reicht leider nicht aus.

Die Vorstellung, Panikattacken ließen sich per Willenskraft stoppen, erzeugt bei den Betroffenen einen unnötigen Druck, möglichst rasch zu genesen. Reine Willenskraft ohne die Fähigkeit, die richtigen Techniken einzusetzen, führt leider nicht automatisch zum Erfolg. Im Gegenteil, die Erwartung, möglichst von einem Augenblick zum nächsten «wieder normal» zu werden, führt nur dahin, enttäuscht zu sein und sich selbst Vorwürfe zu machen, was bloß zusätzlichen Druck erzeugt. Dieser Druck öffnet weiteren Panikattacken Tor und Tür und mündet schließlich in völliger Demoralisierung.

Fast jeder, der schon einmal Paniksymptome hatte, erinnert sich noch Jahre später sehr genau an seine erste Attacke und wie sie sich anfühlte. Die übermächtige Erfahrung lässt die Betroffenen meist für alle Empfindungen, die an diese erste Attacke erinnern, übersensibel werden. Der

Versuch, das unangenehme Erlebnis zu vergessen, ist schwierig und wenig hilfreich. Besser ist es, diese Erfahrung klar der Vergangenheit zuzuweisen, wo sie nicht länger bedrohlich ist.

Wiederholte Panikattacken untergraben das Selbstvertrauen; die Angst, sich vor anderen zu blamieren, wird immer stärker. Vorher als unproblematisch empfundene Aufgaben wie z. B. durch lebhaften Verkehr zu fahren, auf einen Bus zu warten oder Karten für einen Kinofilm zu lösen, werden zu einer Tortur. Viele stellen fest, dass sie von anderen abhängig werden, fühlen sich isoliert und als Versager. Das eigene Selbstvertrauen wiederzugewinnen, während Sie allmählich versuchen, in den verschiedensten Situationen Ihre Angst zu überwinden, braucht Geduld und Zeit. Wie bei allen praktischen Aufgaben werden manche Versuche erfolgreich, andere weniger erfolgreich sein. Je mehr Aufgaben Sie zu Ihrer Zufriedenheit erledigen, desto stärker wächst Ihr Selbstvertrauen. In jedem Fall aber handelt es sich um einen allmählichen Prozess.

«Warum bin ich anders?»

Ihre Beziehungen zu anderen haben sich seit dem Beginn Ihrer Panikattacken möglicherweise verändert. Manche Betroffenen stellen fest, dass ihre Partner, Kinder oder Freunde sie anders behandeln, weil sie nicht mehr ohne weiteres das Haus verlassen oder an geselligen Aktivitäten teilnehmen können. Andere müssen feststellen, dass sich zuvor wichtige Bezugspersonen von ihnen abwenden oder sich zurückziehen. Wieder andere bekommen gut gemeinte, aber völlig unsinnige oder gedankenlose «Ratschläge» zu hören oder werden sogar unter Druck gesetzt, ihre Angst und ihr Vermeidungsverhalten endlich abzulegen. Wenn die Panikattacken nachgelassen haben, stellen einige der zuvor Betroffenen aber auch fest, dass andere sie weiterhin so behandeln, als würden sie noch immer unter Paniksymptomen leiden. Dies kann vor allem dann der Fall sein, wenn andere das eigene Leben so organisiert haben, dass es der betroffenen Person entgegen kommt. Freunde und Angehörige dahin zu bringen, dass sie sich anders verhalten, kann Zeit und Geduld erfordern.

Früher einmal unter Paniksymptomen gelitten zu haben, ist außerdem nicht in jeder Hinsicht negativ. Häufig sind Menschen, die Angst und Agoraphobie kennen, für die Nöte und Sorgen anderer Menschen sensibler und können ihnen besser helfen. Sie wissen, auf welche Techniken und Fähigkeiten es ankommt, um die Angst in den Griff zu bekommen.

Viele der Techniken, die Sie einsetzen werden, um Panikattacken und

Agoraphobie zu überwinden, können auch bei anderen mit Stress verbundenen Problemen wirksam sein. Das Erlernen dieser Techniken ist deshalb eine lohnende Investition für das ganze Leben.

Über das Selbsthilfeprogramm

Das in diesem Buch vorgestellte Selbsthilfeprogramm soll grundlegende Fertigkeiten vermitteln, die notwendig sind, um Panikattacken und Agoraphobie überwinden zu können. Langjährige Forschung und klinische Erfahrung haben gezeigt, dass die von uns empfohlenen Techniken tatsächlich wirksam sind. Zwar können nicht alle vorgestellten Techniken in jedem Einzelfall gleichermaßen geeignet und wirksam sein, doch in ihrer Gesamtheit haben sie sich bisher vielfach bewährt und als hilfreich erwiesen. Das Urteil darüber, welcher Einzelschritt für Sie wichtig oder vielleicht weniger wichtig ist, sollten Sie in jedem Fall verschieben, bis Sie die Techniken ausreichend geübt haben. Das Erlernen der Techniken dauert eine Weile, und ihre Wirkung zeigt sich nicht immer gleich.

Die meisten Menschen benötigen für das Durcharbeiten des Buches sechs bis acht Wochen. Dies ist aber nur ein grober Anhaltspunkt, denn am allerwichtigsten ist, dass Sie die sechs Schritte systematisch durcharbeiten und erst zum nächsten Schritt übergehen, wenn Sie die bisherigen Übungen gut beherrschen. Wenn Sie dafür länger brauchen als die meisten, ist das völlig in Ordnung. Es geht nicht darum, möglichst schnell voranzukommen, sondern darum, die vorgestellten Techniken zu verstehen und gründlich zu erlernen – wie lange dies dauert, ist dabei nebensächlich.

Kleine Gebrauchsanweisung

Am besten ist es, wenn Sie die sechs Schritte zunächst einmal grob überfliegen, um sich von den damit verbundenen Techniken und Aufgaben ein Bild zu machen. Auf diese Weise bekommen Sie eine ungefähre Vorstellung davon, was vor Ihnen liegt, und brauchen keine Angst zu haben, dass nicht zu bewältigende Aufgaben auf Sie warten. Nachdem Sie sich so mit dem Buch vertraut gemacht haben, arbeiten Sie jeden der sechs Schritte nacheinander durch. Lesen Sie dabei zunächst gründlich den zu dem jeweiligen Schritt gehörenden Text, ehe Sie mit den vorgestellten Übungen beginnen. Gehen Sie erst zum nächsten Schritt weiter, wenn Sie alles verstanden haben und die geübten Techniken sicher beherrschen. Nach dem systematischen Durcharbeiten aller sechs Schritte könnte es hilfreich sein, das Buch als Ganzes noch einmal durchzulesen, um die erlernten Fertigkeiten im Zusammenhang zu sehen und zu vertiefen.

Eine Helferin oder einen Helfer finden

Vielleicht möchten Sie eine befreundete oder verwandte Person Ihres Vertrauens dafür gewinnen, Sie durch das Programm zu begleiten. Beim Üben der Techniken und beim Aufrechterhalten der eigenen Motivation kann eine solche Person eine große Hilfe sein. Sie kann Sie außerdem in schwierigen Zeiten unterstützen, wenn Sie versucht sind, das Programm abzubrechen oder vorübergehend einmal den Mut verlieren. Die Person könnte Ihnen auch helfen, die eigenen Erfolge zu würdigen, vor allem, wenn Sie selbst dazu neigen, sie als unbedeutend abzutun. Zu beachten ist allerdings, dass es einen Punkt geben wird, ab dem Sie die gestellten Aufgaben selbstständig ausführen müssen, um wirklich vollständig zu genesen. Über diese Tatsache muss sowohl bei Ihnen als auch bei Ihrer Helferin oder Ihrem Helfer von Anfang an Klarheit herrschen, und Sie werden das Thema regelmäßig ansprechen müssen, damit die «Abnabelung» nicht über Gebühr hinausgeschoben wird.

Die sechs Schritte

Die sechs in diesem Programm beschriebenen Schritte lassen sich wie folgt beschreiben (siehe **Abb. 1**):

In *Schritt 1* werden Sie Ihre persönlichen Stresssymptome und «Auslöser» für Panikattacken kennen lernen. Sie werden sich ganz darauf konzentrieren, diese Symptome zu überwachen und schon im Frühstadium zu erkennen, so dass Sie bald in der Lage sein werden, zwischen tatsächlichen Angstsymptomen und solchen Symptomen zu unterscheiden, die an Angstsymptome erinnern, in Wirklichkeit aber auf andere Faktoren zurückzuführen sind.

In *Schritt 2* konzentrieren wir uns auf die Faktoren Ihres Lebensstils, die das Risiko von Panikattacken erhöhen. Wir werden ausführlich erklären,

> *Schritt 1: Auslöser von Angst- und Panikgefühlen erkennen*
> (Sie lernen, körperliche und psychische Symptome der Panik sowie die Quellen von Stress genau zu überwachen)
> ↓
> *Schritt 2: Aspekte des eigenen Lebensstils erkennen, die zu Angst- und Panikgefühlen beitragen können*
> (Sie verändern bestimmte Aspekte Ihres Lebensstils, um die Wahrscheinlichkeit von Panikattacken zu reduzieren)
> ↓
> *Schritt 3: Panikattacken abwenden*
> (Sie erlernen Techniken, mit deren Hilfe sie aufkommende Panikattacken schon im Keim ersticken können)
> ↓
> *Schritt 4: Negative Denkstile verändern*
> (Sie lernen, negative Denkstile zu erkennen, kritisch zu hinterfragen und schließlich zu verändern)
> ↓
> *Schritt 5: Sensibilität für körperliche Empfindungen reduzieren*
> (Sie lernen, sich von «normalen» körperlichen Empfindungen nicht ängstigen zu lassen)
> ↓
> *Schritt 6: Das bisher Gelernte in die Praxis umsetzen*
> (Sie gehen daran, Ihre Agoraphobie zu überwinden und einen neuen Lebensstil zu begründen)

Abbildung 1: Die sechs Schritte des Selbsthilfeprogramms

wie wichtig Ernährung, Bewegung, Schlaf und Entspannung für Ihre psychische Gesundheit sind.

In *Schritt 3* stellen wir Techniken vor, mit deren Hilfe sich Panikattacken und andere Angstsymptome in dem Moment, in dem sie auftreten, wirksam bekämpfen lassen. Sind Sie erst einmal in der Lage, diese Symptome gezielt zu kontrollieren, wird dies Ihr Selbstvertrauen stärken, und Sie werden in der Lage sein, sich Situationen auszusetzen, die Sie bisher vielleicht eher vermieden haben.

In *Schritt 4* beschäftigen wir uns mit negativen Denkmustern, die zu Angstsymptomen beitragen können. Sicher ist, dass die Art und Weise, wie wir über unsere körperlichen Empfindungen und äußere Ereignisse denken, auch beeinflussen kann, wie wir uns fühlen und verhalten. Indem wir unsere Einstellung bewusst verändern, können wir positiv darauf einwirken, wie wir uns mit uns selbst, mit unserem Leben und mit unseren emotionalen Reaktionen fühlen und damit auch den Grad von Angst und Stress deutlich mindern.

In *Schritt 5* gehen wir der Frage nach, inwieweit bestimmte körperliche Empfindungen ängstliches Denken auslösen und dadurch das Risiko weiterer Panikattacken erhöhen können. Die eigenen körperlichen Empfindungen besser zu erkennen und einzuschätzen, hilft, dieser Tendenz entgegenzuwirken.

In *Schritt 6*, dem letzten Schritt unseres Programms, konzentrieren wir uns darauf, die erlernten Techniken auf eine große Bandbreite von Situationen anzuwenden, um agoraphobisches Verhalten zu überwinden und durch einen gesunden Lebensstil zu ersetzen. Angstgefühle in den Griff zu bekommen und eine Panikstörung zu überwinden, bedeutet mehr, als bloß die Symptome im Zaum zu halten. Es bedeutet, dass Sie Ihr Leben wieder in vollen Zügen genießen können und nicht ständig mit der Angst leben müssen, weitere Panikattacken zu erleben.

Ein rückblickender Abschnitt am Ende jeden Schrittes wird Ihnen helfen, die eigenen Fortschritte genau zu verfolgen und die systematische Vorgehensweise beizubehalten. Es wird sich zeigen, ob Sie bestimmte Abschnitte noch einmal lesen oder einige Techniken noch einmal üben müssen, ehe Sie zum nächsten Schritt übergehen.

Einige Hinweise zur Bekämpfung von Angstsymptomen

Ehe Sie sich nun daran machen, die sechs Schritte durchzuarbeiten, sollten Sie die folgenden Hinweise beachten. Möglicherweise hilft es Ihnen, sie auch während der Arbeit an dem Programm immer wieder einmal durchzulesen.

«Normale» Angst

Unser Übungsprogramm will Ihnen helfen, sich wieder angstfrei in Situationen begeben zu können, die an sich ungefährlich sind, wie einkaufen, Auto fahren oder vor einem Bankschalter Schlange stehen. Beachten Sie jedoch, dass es Situationen gibt, in denen ängstliche Gefühle völlig normal sind. Denken Sie z. B. an eine Achterbahn auf dem Jahrmarkt. Die Gefühle, die eine Fahrt mit einer Achterbahn hervorruft, sind einer Panik durchaus ähnlich – und es soll Menschen geben, die diesen Nervenkitzel suchen und genießen. In anderen Situationen, z. B. wenn man in eine Prüfung geht oder vor einer Gruppe von Leuten eine Rede hält, ist eine erhöhte Anspannung («Lampenfieber») ebenfalls nicht nur normal, sondern letztlich durchaus förderlich, damit wir in der Lage sind, unser Bestes zu geben. Und auch dann, wenn tatsächliche Gefahren drohen, z. B. wenn ein Auto auf uns zurast, sind Angstgefühle völlig normal und unter Umständen lebensrettend – als Teil der bereits besprochenen «Kampf-oder-Flucht»-Reaktion. Selbst wer alle Techniken zur Kontrolle von Panikattacken beherrscht und seine Angstsymptome überwunden hat, kann also Situationen erleben, in denen es zu panikähnlichen Gefühlen kommt. Es ist wichtig, diese Tatsache im Kopf zu behalten: Ihr Ziel besteht nicht darin, die Angst komplett auszuschalten. Angst ist ein normales und natürliches Gefühl, das uns vor Gefahren warnen und gegen sie wappnen soll. Setzen Sie sich deshalb keine unrealistischen Ziele. Einen Menschen, der niemals Angst hat, gibt es nicht. Quälende Angstgefühle und Panikattacken können Sie dennoch überwinden.

Angst und Panikattacken im Keim ersticken

Die meisten Betroffenen berichten, dass es viel einfacher ist, eine Panikattacke zu stoppen, wenn sie noch in der Anfangsphase steckt, als zu versuchen, sie zu beenden, wenn sie bereits volle Fahrt gewonnen hat.

Deshalb ist es wichtig, die erlernten Techniken beim ersten Anzeichen von Panik ohne Verzögerung unmittelbar anzuwenden. Mit der Zeit und mit regelmäßiger Übung werden Sie fast automatisch auf diese Techniken zurückgreifen, so dass die Kontrolle der Symptome, noch ehe sie eskalieren können, zunehmend einfacher wird.

Eine abschließende Bemerkung

Ich war selbst überrascht, wie einfach es war, plötzlich wieder all das zu tun, wovor ich so lange Angst gehabt hatte. Nachdem ich einmal damit begonnen hatte, wieder aus dem Haus zu gehen, veränderte sich plötzlich alles. Ich konnte wieder Auto fahren, meine Freundinnen besuchen, die Kinder von der Schule abholen und einkaufen gehen. Am besten von allem aber war, dass ich anfangen konnte, nach einem Job zu suchen – etwas, das ich mir immer gewünscht, aber wegen meiner Panikattacken nicht zugetraut hatte. Meine Beziehung zu meinem Mann hat sich verbessert, weil wir nicht mehr über meine Abhängigkeit von ihm streiten müssen. Ich habe sogar angefangen, jeden Mittwochabend mit meinen Freundinnen auszugehen. Ich habe das Gefühl, wieder richtig zu leben.

Joan

Versuchen Sie jederzeit, sich ins Gedächtnis zu rufen, dass Sie dieses Programm für sich selbst, für Ihr zukünftiges Leben und für die Ihnen wichtigen Menschen in Angriff nehmen. Es kann sein, dass Sie das eine oder andere Mal an einen Punkt kommen, an dem Sie am liebsten aufgeben würden. Wenn es zu solchen Tiefpunkten kommt, versuchen Sie, sich all die positiven Veränderungen in Ihrem Lebensstil und Ihren Beziehungen vor Augen zu halten, zu denen die Überwindung der Panikstörung führen wird.

Schritt 1
Auslöser für Angst- und Panikgefühle erkennen

Auf den ersten Blick mag es unsinnig erscheinen, dass Sie über Angstsymptome noch etwas lernen sollen, wo Sie sie doch schon so lange aus eigener Erfahrung kennen. Die meisten Menschen glauben, zwischen Symptomen, die durch Angst und körperliche Erkrankungen verursacht werden, unterscheiden zu können. In Wirklichkeit gibt es viele, die beide Symptomarten verwechseln. Menschen mit Panikattacken z. B. halten Ihre Schmerzen in der Brust oder Ihre Atemnot häufig für Anzeichen einer schweren körperlichen Erkrankung. Es fällt ihnen schwer zu glauben, dass diese Symptome allein durch Angst ausgelöst werden können. Hinzu kommt, dass Angstsymptome auftreten können, ohne dass wir uns der Stressfaktoren, die sie haben entstehen lassen, bewusst sind, so dass die Symptome «aus heiterem Himmel» zu kommen scheinen. Dieser Eindruck kann die Überzeugung, dass sie von einer körperlichen Erkrankung herrühren, weiter verstärken.

Bei einer Panikstörung kommt es besonders häufig vor, dass die Betroffenen meinen, sie litten unter einer Herzerkrankung, hätten einen Schlaganfall oder einen Hirntumor. Schuld daran sind Symptome wie ein beengtes Gefühl in der Brust, Atemnot oder das seltsame Gefühl, dass alles ganz unwirklich erscheint. Auf der Suche nach einer körperlichen Erklärung ihrer Symptome haben viele Menschen mit Panikattacken bereits zahlreiche körperliche Untersuchungen wie Belastungs-EKGs und Bluttests hinter sich gebracht. Es ist nicht ungewöhnlich, dass Menschen mit Panikattacken mit Verdacht auf Herzinfarkt ins Krankenhaus kommen.

Symptome der Panik erkennen

Woran aber soll man erkennen, ob die Symptome, die man erlebt, auf Panik oder auf körperliche Probleme zurückgehen? Wenn Ärztinnen und Ärzte eine Diagnose treffen, stützen sie sich dabei stets auf das Vorhandensein mehrerer Symptome, von denen man weiß, dass sie unter bestimmten Bedingungen zusammen auftreten und ein bekanntes Muster bilden. Auf ähnliche Weise erkennen wir unsere jeweils vorherrschenden Emotionen. Wenn wir wütend sind, läuft z. B. unser Gesicht rot an, der Kiefer spannt sich an, der Atem wird flach, und wir sind von feindseligen Gedanken durchdrungen. Sind wir niedergeschlagen, verschlechtert sich unsere Konzentrationsfähigkeit, wir sind von pessimistischen Gedanken beherrscht, der Schlaf ist gestört, und uns fehlt jegliche Energie. Natürlich verläuft all dies bei jedem Menschen anders, und manchmal fallen die Symptome auch bei ein und demselben Menschen etwas anders aus. Die Muster als solche bleiben jedoch bestehen, so dass sich auf ihrer Grundlage eine recht gesicherte Diagnose treffen lässt.

Um dies zu üben, versuchen Sie bitte zunächst, das für Sie gültige allgemeine Muster von Symptomen bei niedergeschlagener oder deprimierter Stimmung zu beschreiben.

Ihre Symptome, wenn Sie deprimiert sind:

1 _____

2 _____

3 _____

4 _____

5 _____

Indem wir diese Übung auf Symptome der Angst übertragen, können wir auch hier ein übliches Muster erkennen. Wieder ist es wichtig, sich daran zu erinnern, dass jeder Mensch anders ist, die jeweiligen Muster von Symptomen daher individuell sehr unterschiedlich ausfallen können.

Überlegen Sie, wie es war, als Sie das letzte Mal Paniksymptome hatten, und tragen Sie die wichtigsten Symptome in die folgenden Zeilen ein:

Ihre wichtigsten Paniksymptome:

1 _____

2 _____

3 _____

4 _____

5 _____

Versuchen Sie dann, sich an die letzten drei Male zu erinnern, als diese Gruppe von Symptomen bei Ihnen auftrat. Dachten Sie damals, Sie würden unter einer körperlichen Erkrankung leiden? Stellten die Symptome Sie vor ein Rätsel, oder erkannten Sie sofort, dass Sie ein Ergebnis Ihrer Angst waren? Versuchen Sie beim nächsten Mal, wenn Sie diese Symptome erleben, sich sofort vor Augen zu halten, dass es Symptome der Angst und keine Anzeichen einer ernsthaften körperlichen Erkrankung sind.

Auslöser der Panik erkennen und im Blick behalten

Um wichtige Auslöser erkennen zu können, sollten Sie von jetzt an über Ihre Panikattacken «Protokoll führen». Notieren Sie für jede einzelne Attacke, wann und wo es dazu kam und was als Auslöser in Frage kommt. Bewerten Sie jede Attacke mit einer Punktzahl zwischen 0 und 10, wobei 0 für «minimale Symptome» und 10 für «schlimmstmögliche Symptome» steht. Halten Sie auch den Grad der Bewältigung jeder Panikattacke fest, indem Sie wiederum Punkte von 0 bis 10 verteilen, wobei 0 für die «schlechtest mögliche Bewältigung» und 10 für die «beste oder effektivste Bewältigung» steht. Ein Beispiel für ein solches Protokoll finden Sie in **Abbildung 2**.

Situationen, die im Zusammenhang mit Panikattacken häufiger genannt werden, sind Auto fahren, ein öffentliches Verkehrsmittel benutzen, in einem vollen Supermarkt einkaufen oder an einem gesellschaftlichen Anlass teilnehmen. Vielleicht sind für Sie aber auch ganz andere Situationen regel-

Datum	Situation	Angstsymptome (0–10)	Bewältigung (0–10)
4. Mai	Bei meiner Schwester und deren Familie	7	4 – Musste aus dem Zimmer gehen
12. Mai	Am Banktresen Schlange gestanden	8	2 – Musste die Bank fluchtartig verlassen
6. Juni	Mit dem Hund spazieren gegangen	5	6 – Konnte den Spaziergang beenden
10. Juni	Mit meiner Mutter am Telefon gesprochen, kritisiert gefühlt	6	7 – Sprach weiter, konnte mich aber nicht konzentrieren

Abbildung 2: Beispiel für die Einträge in ein Panikattacken-Protokoll

mäßig mit Stress verbunden. Oder Sie stellen fest, dass Ihre Angst sehr spezifisch ist, Sie sich also z. B. in Gesellschaft einiger, aber längst nicht aller Bekannter unwohl fühlen.

Führen Sie in den nächsten Wochen ein möglichst ausführliches «Panikattacken-Protokoll». (Die Seite mit dem noch leeren Protokoll – siehe nächste Seite – können Sie ganz einfach kopieren oder die Tabelle in ein Notizbuch übertragen.) Wenn Sie möchten, können Sie eine weitere Spalte hinzufügen und zusätzlich notieren, wie Sie die jeweilige Situation gern bewältigt hätten, wenn Ihnen dies möglich gewesen wäre.

Beim Einschätzen der jeweiligen Intensität Ihrer Angst ist es wichtig, normale Angstgefühle mit im Auge zu behalten. Manche Situationen lösen bei so gut wie allen Menschen gewisse Ängste aus. So haben wohl die meisten ein «mulmiges Gefühl im Bauch», wenn sie z. B. ein Bewerbungsgespräch vor sich haben oder eine Rede halten müssen. In diesem Zusammenhang könnte es hilfreich sein, mit anderen über die Intensität Ihrer Angst zu sprechen, so dass Sie ein realistisches Bild davon bekommen, welche Angstgefühle andere erleben und mit welchen Situationen diese verbunden sind.

Schritt 1: Auslöser für Angst- und Panikgefühle erkennen 79

Panikattacken-Protokoll				
Datum	Situation	Angstsymptome (0–10)	Bewältigung (0–10)	

Häufige Angstquellen für Menschen mit Panikstörungen

Bei der Beschreibung von Angst machenden Situationen sollten Sie so konkret wie möglich sein, damit Sie wirklich herausfinden können, welche Arten von Situationen bei Ihnen am ehesten Panikattacken auslösen. Wahrscheinlich werden Sie feststellen, dass eine Reihe von Situationen zu Gruppen zusammengefasst werden können, weil sie bestimmte Eigenschaften gemeinsam haben oder zu bestimmten Arten von Ängsten führen. Einige solcher Merkmale sind unten aufgelistet. Überlegen Sie, welche davon auf Sie und Ihre Angstsymptome zutreffen könnten.

– *Flucht nicht möglich* – Das Gefühl, der Situation nicht ohne weiteres entfliehen zu können, kann bei vielen Menschen mit Panikstörung intensive Angstsymptome und Panikattacken auslösen. Zu solchen Situationen kommt es typischerweise an Orten mit großem Publikumsverkehr, also z. B. in Einkaufszentren, Sportarenen oder Restaurants.

– *Peinlichkeit* – Menschen mit Panikattacken haben oft große Angst davor, dass andere ihre Symptome bemerken könnten. Die Vorstellung, von anderen bei den als peinlich empfundenen Gefühlen ertappt zu werden, kann so zu einer weiteren Quelle der Angst werden. Manchmal reicht diese zusätzliche Quelle bereits aus, um eine regelrechte Panikattacke auszulösen.

– *Hilfe nicht verfügbar* – auf Menschen mit Panikstörung kann das Gefühl, dass sie im Fall einer Attacke «Hilfe» bekommen würden, sehr beruhigend sein. Manche stellen fest, dass ihre Angst nachlässt, wenn sie mit Menschen zusammen sind, denen sie vertrauen, oder wenn sie sich in der Nähe von Orten aufhalten, wo sie im Falle einer Attacke Hilfe finden könnten (z. B. in der Nähe eines Krankenhauses oder einer Arztpraxis).

– *Angst vor Wahnsinn/Ohnmacht* – Manche Menschen mit Panikstörung stellen sich vor, dass ihre Symptome bei einer Panikattacke immer schlimmer werden, bis sie ohnmächtig umfallen, einen Herzinfarkt bekommen oder «wahnsinnig werden». Diese Art von Katastrophendenken verstärkt die Angst, verschlimmert die Symptome und kann eine Panikattacke verlängern oder auslösen.

– *Kontrollverlust* – Wer sich von einer Panikattacke regelrecht «überrollt» fühlt, verspürt verständlicherweise einen gewissen Kontrollverlust. Damit verbindet sich leicht die Angst, die Beherrschung über das eigene Verhalten zu verlieren, womöglich Amok zu laufen, jemanden zu verletzen oder sich auf unberechenbare Weise vor allen anderen unsterblich zu blamieren. Orte mit großem Publikumsverkehr verstärken diese Angst, weil damit die Zahl möglicher Zeugen wächst. In Wirklichkeit verlieren Menschen mit Panikattacken in der Regel ihre Beherrschung nicht und werden auch nicht zur Gefahr für andere, doch kann die Angst vor dem Kontrollverlust die Anfälligkeit für Panikattacken weiter erhöhen.

Nutzen Sie die folgende Checkliste, um herauszufinden, welche Auslöser Ihre Symptome in bestimmten Situationen verschlimmern und die Wahrscheinlichkeit einer Panikattacke erhöhen können. Vielleicht fallen Ihnen aber auch noch andere wiederkehrende Ängste oder Besorgnisse ein, die für «kritische» Situationen bei Ihnen typisch sind. Fügen Sie in dem Fall der Tabelle weitere Spalten hinzu und versuchen Sie, auf die gleiche Weise dahinter zu kommen, in welchen Situationen sie sich besonders häufig bemerkbar machen.

Situationen, die mit häufigen Ängsten verbunden sind

Situation	Flucht nicht möglich	Peinlichkeit	Hilfe nicht verfügbar	Angst vor Wahnsinn/Ohnmacht
_____	☐	☐	☐	☐
_____	☐	☐	☐	☐
_____	☐	☐	☐	☐
_____	☐	☐	☐	☐
_____	☐	☐	☐	☐

Agoraphobische Symptome erkennen und im Blick behalten

Kommt es vor, dass Sie bestimmte Situationen oder Aktivitäten vermeiden oder sich aufgrund Ihrer Angst in diese Situationen nur zögerlich und widerwillig hineinbegeben? Welches sind diese Situationen oder Aktivitäten? Tragen Sie sie möglichst vollzählig in die folgende Checkliste ein und versuchen Sie dabei, auch gleich einzuschätzen, wie stark der Impuls ist, ihnen lieber aus dem Weg zu gehen. Verwenden Sie auch dafür wieder eine Skala von 0 bis 10, wobei 0 für «keine Angst» und 10 für «extreme Angst» steht.

Vermiedene Situationen oder Aktivitäten

Situation/Aktivität	Intensität der Angst (0–10)
_____	☐
_____	☐
_____	☐
_____	☐

Rückblick Schritt 1

Wenn Sie Ihre Panikattacken und Ihr Vermeidungsverhalten einige Tage lang beobachtet haben, sollten bereits bestimmte Muster absehbar sein. Diese Muster zu erkennen, wird Ihnen helfen, sich auf die Anwendung bewährter Bewältigungsstrategien in problematischen Situationen zu konzentrieren – ein wichtiger Schritt bei der Überwindung von Panikattacken und Vermeidungsverhalten.

- Zu Beginn des Kapitels wurden Sie gebeten aufzuschreiben, welche Symptome sich bei Ihnen zeigen, wenn Sie niedergeschlagen sind. Anschließend sollten Sie Ihre Symptome der Angst schriftlich festhalten. Konnten Sie dabei ein bestimmtes Muster wiederkehrender Symptome erkennen? Das nächste Mal, wenn einige oder alle diese Symptome auftreten, können Sie versuchen, sich zu sagen: «Das bedeutet wahrscheinlich, dass ich ängstlich bin», anstatt gleich den voreiligen Schluss zu ziehen, sie könnten ernsthaft körperlich erkrankt sein, «durchdrehen» oder im nächsten Augenblick zusammenbrechen.

- In der zweiten Übung ging es darum, welche Situationen und damit verbundenen Ängste bei Ihnen Panikattacken auslösen können. Hat sich dabei gezeigt, dass die Panikattacken bevorzugt zu bestimmten Tages- oder Nachtzeiten auftreten? Gibt es Situationen, die für Sie schwieriger sind als andere? Die systematische Beobachtung Ihrer Panikattacken kann Ihnen dabei helfen, sich auf die auslösenden Faktoren zu konzentrieren und bewusst gegen diese Auslöser vorzugehen. Treten die Attacken z. B. vor allem gegen Ende des Tages auf, könnte es sein, dass Übermüdung dabei eine Rolle spielt. Kommen die Attacken vor allem nachts, könnte sich herausstellen, dass Sie vor dem Zubettgehen zuviel Kaffee trinken oder sich zu intensiv mit den Sorgen des Tages befassen. Auch Alkohol-Entzugserscheinungen könnten ein Faktor sein.

- Die dritte Übung sollte klar machen, welche Situationen die Symptome verschlimmern können, weil sie z. B. ängstliches Denken auslösen können. Neigen Sie zu wiederkehrenden Ängsten und Besorgnissen in ganz bestimmten Situationen? Wie Sie diese überwinden können, wollen wir im Rahmen von Schritt 4 ausführlich besprechen. Dennoch ist es hilfreich, sich die Zusammenhänge schon jetzt bewusst zu machen, damit Sie beginnen können, sie gezielt anzugehen.

- In der vierten Übung ging es darum, Ihr Vermeidungsverhalten zu beobachten und gleichzeitig einzuschätzen, wie stark die damit verbundenen Angstimpulse sind. Diese Einschätzung wird Ihnen helfen, sich bei der Überwindung der eigenen Ängste realistische Ziele zu setzen. Indem Sie im Rahmen dieses Selbsthilfeprogramms mit dem leichtesten Schwierigkeitsgrad beginnen und sich ganz allmählich zu den als am schwierigsten empfundenen Situationen vorarbeiten, werden Sie Zug um Zug in der Lage sein, Ihr Vermeidungsverhalten zu überwinden.

Setzen Sie sich jede Woche einen festen Termin, an dem Sie die eigenen Fortschritte durchdenken und Ihre Tabellen und Protokolle durchsehen. Gehen Sie erst zu Schritt 2 über, wenn Sie alle vier Übungen mindestens eine Woche lang durchgeführt haben. In Schritt 2 wird es um die Frage gehen, welche Aspekte Ihres Lebensstils zu den Panikattacken beitragen könnten.

Schritt 2
Aspekte des eigenen Lebensstils erkennen, die zu Angst- und Panikgefühlen beitragen können

Stress und Angst: Ein Teufelskreis

Ein stressreicher Lebensstil kann bei dafür anfälligen Menschen zu Angstsymptomen und Panikattacken beitragen. Die meisten Betroffenen berichten, dass es vor dem Einsetzen der Attacken in ihrem Leben mehrere stressreiche Ereignisse gegeben hat. Einige Stressfaktoren bestehen weiter oder verschlimmern sich gar nach dem Einsetzen der Panikattacken. Ernsthafte Probleme in verschiedenen Lebensbereichen lassen sich noch schwerer lösen, wenn man mit Paniksymptomen zu kämpfen hat. Häufig entsteht ein Teufelskreis, in dem Stress und Panik einander wechselseitig verstärken. Um z. B. Probleme bei der Arbeit aufzufangen, haben Sie vielleicht eine ganze Zeit lang regelmäßig Überstunden eingelegt, Mahlzeiten ausgelassen und sich weniger Zeit für Sport und Entspannung gegönnt. Dieser Versuch, die Probleme zu «lösen», hat womöglich stattdessen Ihre Anfälligkeit für Panikattacken erhöht. Oder es hat vor dem Einsetzen der Panikattacken Probleme in Ihrer Partnerschaft gegeben. Auch in solchen Fällen kann rasch ein Teufelskreis entstehen, in dem der Beziehungsstress zu einer Verschlimmerung der Panikattacken führt und sich der Druck auf die Beziehung durch die Panikattacken erhöht. Schlechter Schlaf und zu wenig Zeit für Muße und Entspannung lassen den Grad der inneren Anspannung weiter steigen.

Diese und ähnliche Stressfaktoren können Ihrer Genesung von der Panikstörung im Wege stehen, vor allem, wenn Sie nicht in der Lage sind, Ihren Symptomen gezielt entgegenzuwirken. Doch nicht nur konkrete Probleme und Konflikte, sondern auch grundsätzliche Aspekte des Lebensstils – unzureichende Ernährung, mangelnde Freizeit, gestörter Schlaf – können Ihre Genesung behindern. Andererseits können Sie in Ihrem Leben natürlich nicht allen Stressquellen konsequent aus dem Wege gehen. Ein realistisches Ziel könnte jedoch darin bestehen, Probleme zu lösen, wann immer dies möglich ist, und sich von jeder unnötigen Anspannung zu befreien, indem Sie Ihre Widerstandskraft gegen diejenigen Stressfaktoren erhöhen, die sich nicht völlig aus der Welt schaffen lassen. (Hinweise zum Problemlöseverhalten finden Sie am Ende von Schritt 6.)

Bei Schritt 2 unseres Programms geht es darum, Ihre Widerstandskraft gegen alltägliche Stressfaktoren wie die oben beschriebenen zu erhöhen. Sie erreichen dies durch einfache Veränderungen in Ihrem Lebensstil, die dazu beitragen können, Ihre Anfälligkeit für Panikattacken zu senken. Vier wichtige Bereiche des Lebensstils stehen dabei im Vordergrund: Bewegung, Ernährung, Schlaf und Entspannung. Alle vier Bereiche sind für die Reduzierung der Angst und die Überwindung von Panikattacken wesentlich.

Verschiedene Arten von Stress: Die enge Verbindung von Körper und Psyche

Stressquellen lassen sich in zwei Kategorien unterteilen:

- «Psychischer Stress» äußert sich in Ängsten und Besorgnissen. Diese können sich auf die Arbeit, die Familie oder die Zukunft, aber auch auf das mögliche Auftreten weiterer Panikattacken, die Benutzung öffentlicher Verkehrsmittel oder was Warten in einer Schlange beziehen.

- «Körperlicher Stress» hängt mit der körperlichen Gesundheit zusammen. Wer sich schlecht ernährt, nicht ausreichend schläft und sich zu wenig bewegt, unterwirft seinen Körper anhaltendem Stress. Diese Art von Stress kann dazu führen, dass die Betroffenen leicht erschöpft, für Krankheiten anfällig sowie unausgeglichen und reizbar sind. Wer ständig «kaputt» ist und sich körperlich nicht fit fühlt, ist wiederum für andere Stressfaktoren anfälliger und leidet häufiger unter solchen Symptomen wie Müdigkeit, Kopfschmerz und Muskelverspannung.

Abbildung 3: Der Stress-Teufelskreis

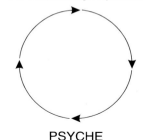

Weil Geist und Körper so eng miteinander verbunden sind, können sich alle Anzeichen einer körperlichen Unausgeglichenheit auch auf der psychischen Ebene niederschlagen – und umgekehrt (siehe **Abb. 3**). Wenn Sie z. B. erschöpft sind, weil Sie mehrere Nächte hintereinander schlecht geschlafen haben, ist es wahrscheinlich, dass Sie sich nur mit Mühe konzentrieren können und eher reizbar sind. Dies wiederum kann Ihre Selbstachtung und Ihr Selbstvertrauen untergraben und auf lange Sicht Gefühle der Angst oder Depression verstärken. Bei einigen kann diese Art von körperlichem Stress ausreichen, um Panikattacken auszulösen.

Vielleicht haben Sie schon einmal bemerkt, dass Sie sich nach einer Grippe oder anderen körperlichen Erkrankungen für kurze Zeit niedergeschlagen, erschöpft und mutlos fühlten. Das ist zu erwarten, vor allem, wenn Sie sich keine ausreichende Auszeit nehmen, um die Krankheit gründlich auszukurieren. Leider müssen wir häufig erst lernen, richtig für uns selbst zu sorgen und uns für unsere körperliche und psychische Gesundheit Zeit zu nehmen. Allein dieser Lernprozess kann eine nicht zu unterschätzende Aufgabe sein.

Um Stress wirksam reduzieren zu können, ist zunächst einmal wichtig, den engen Zusammenhang zwischen Körper und Psyche zu erkennen. So wie eine chronische körperliche Erschöpfung Sie für psychischen Stress anfälliger macht, kann eine Verbesserung der körperlichen Gesundheit Sie gegen mit Stress verbundene Situationen widerstandsfähiger werden lassen. Wir alle kennen den Effekt: Wer gut geschlafen und ein gesundes, nahrhaftes Frühstück genossen hat, geht leistungsfähiger und gelassener an sein Tageswerk. Wer unausgeschlafen und hungrig ist, kann sich dagegen nur mit Mühe auf seine Aufgaben konzentrieren.

Die körperliche Gesundheit stärken

Wie bereits erwähnt, möchten wir Ihnen helfen, den körperlichen Stress in Ihrem Leben durch Veränderungen in vier Bereichen abzubauen. Diese Bereiche sind: Bewegung, Ernährung, Schlaf und Entspannung. Vielleicht sind einige dieser Bereiche für Sie wichtiger als andere. Überlegen Sie dennoch in jedem Fall, welche Aspekte in Ihrem Fall verbesserungsfähig sind.

Bewegung

Wer sich regelmäßig bewegt, erhöht seine Widerstandskraft gegen psychischen Stress. Bewegung ist eine gute Möglichkeit, Anspannung und Langeweile «abzuarbeiten», vor allem, wenn man den größten Teil des Tages am Schreibtisch hockt oder in geschlossenen Räumen verbringt. Menschen, die körperlich fit sind, schlafen meist auch besser als andere, die sich kaum bewegen. Sportliche Aktivitäten bieten die Möglichkeit, unter Menschen zu kommen und den eigenen Horizont zu erweitern. Ob Sie einem Sportverein beitreten, sich einem Lauf- oder Walking-Treff anschließen, ins Sportstudio gehen, schwimmen oder Tennis spielen – *was* Sie tun, ist eigentlich zweitrangig, wichtiger ist, *dass* Sie aktiv werden. Sport in der Gruppe kann mithelfen, Sie von Ihren Sorgen zu befreien und Ihre Aufmerksamkeit von Ihren Angstsymptomen abzulenken.

Natürlich hat jeder Mensch eine andere körperliche Konstitution und jeder hat andere Abneigungen und Vorlieben. Gemeinsam mit einer Freundin oder einem Freund Sport zu treiben, kann angenehm und hilfreich sein, vor allem an Tagen, an denen die eigene Motivation eher gering ist. Andere drehen lieber allein ihre Runden. Achten Sie aber in jedem Fall darauf, eine Sportart zu wählen, die Ihnen Spaß macht und für die Sie sich nicht nur aus Pflichtgefühl entscheiden. Wenn Ihnen dazu nichts einfällt, denken Sie an die Zeit zurück, als Sie noch jünger und wahrscheinlich auch fitter waren. Welche Sportart hat Ihnen in der Schule (oder im jungen Erwachsenenalter) Spaß gemacht?

Wenn Sie sich bisher nicht regelmäßig bewegt haben, sollten Sie sich nicht gleich am Anfang überanstrengen. Beginnen Sie damit, jeden Tag ein paar Minuten in strammem Tempo zu gehen, und weiten Sie diese Phasen allmählich aus. Wenn Sie längere Zeit inaktiv waren oder sich sportliche Aktivitäten zunächst nicht zutrauen, sprechen Sie mit Ihrer Ärztin oder Ihrem Arzt, ehe Sie mit einer neuen Sportart beginnen. Die folgenden Punkte zu bedenken könnte für Sie nützlich sein:

– Wählen Sie eine Sportart, die Ihnen Spaß macht.

– Sorgen Sie für eine zweckmäßige Ausrüstung und Kleidung.

– Beginnen Sie mit leichten Übungen und gehen Sie nur ganz allmählich zu schwereren über.

– Wenn Ihnen der Sport zu zweit mehr Spaß machen würde, verabreden Sie sich mit einer Freundin oder mit einem Freund.

– Versuchen Sie, sich jeden Tag oder zumindest jeden zweiten Tag zur gleichen Tageszeit zu bewegen. Machen Sie Ihr kleines Sportprogramm zu einem festen Teil Ihres Tagesablaufs.

– Belohnen Sie sich besonders zu Anfang dafür, eine Woche (zwei, drei, vier . . . Wochen) durchgehalten zu haben.

– Geben Sie nicht gleich auf, wenn Sie es ein paar Mal nicht geschafft haben. Nehmen Sie einfach so schnell wie möglich Ihre neue Gewohnheit wieder auf.

Sobald Sie merken, dass sowohl Ihr körperliches Wohlbefinden als auch Ihre Stresstoleranz steigen, wird Ihnen dies helfen, motiviert zu bleiben! Menschen mit Panikstörung machen sich häufig Sorgen, die körperliche Anstrengung könnte zu Paniksymptomen führen. Natürlich wird es, wenn Sie Sport treiben, aller Wahrscheinlichkeit dazu kommen, dass Sie schwitzen, schneller atmen und einen rascheren Puls haben. Es ist wichtig, sich vor Augen zu halten, dass dies ganz normale Reaktionen sind, wie Sie bei körperlicher Anstrengung bei jedem Menschen nun einmal auftreten. Einzelne Empfindungen mögen Sie vielleicht an Panikgefühle erinnern, haben aber nicht das Geringste mit Angst zu tun, sondern sind einzig und allein die Folge körperlicher Aktivitäten. Versuchen Sie, diese körperlichen Empfindungen als natürliche, körperliche Reaktionen auf gesunde Bewegung kennen zu lernen und zuzulassen. Auf diese Weise die

Belastbarkeit des eigenen Körpers zu erleben kann letztlich auch sehr beruhigend sein.

Wenn Sie zögern, ein regelrechtes Sportprogramm zu beginnen, versuchen Sie es mit ganz leichten Übungen wie täglichem, langsamem Gehen. Allein diese Maßnahme wird Ihre körperliche Fitness stärken, und nach einer Weile werden Sie feststellen, dass Sie seltener nach Atem ringen oder einen schnellen Pulsschlag haben. Sobald Sie mehr Vertrauen in die eigene Fitness gewonnen haben, können Sie sich ganz allmählich auch anspruchsvollere Übungen zutrauen. Denken Sie daran: Leichte, regelmäßige Bewegung ist immer noch viel besser als gar keine Bewegung.

Die Angst davor, die eigene Wohnung zu verlassen, könnte Sie bei der Auswahl eines geeigneten Bewegungsprogramms zunächst einschränken, vor allem, wenn Sie unter Agoraphobie leiden. Vielleicht können Sie eine Freundin oder einen Freund bitten, Sie zu begleiten. Oder Sie beginnen mit Hilfe entsprechender Sportgeräte oder Videos zunächst zu Hause, bis Sie genug Selbstvertrauen entwickelt haben, um das Haus zu verlassen und draußen (oder im Verein, im Studio usw.) Sport zu treiben.

Ernährung

Körperliche Gesundheit ist, wie wir bereits gesehen haben, eng mit der psychischen Gesundheit verbunden. Sich gesund zu ernähren und dabei auf die Bedürfnisse des eigenen Körpers zu achten, ist ein wichtiger Schritt bei der Bekämpfung von Stress. Wenn Sie bisher eher sporadisch essen, sorgen Sie als erstes für regelmäßige Mahlzeiten, damit es bei den Blutzuckerwerten zu keinen starken Schwankungen kommt. Solche Schwankungen können nämlich zu Symptomen führen, die Angstgefühlen ähneln. Auch mit Hungergefühlen und möglichen Mangelerscheinungen verbundene Crash-Diäten können solche Symptome auslösen.

Auch wer zuviel Kaffee, Tee, Kakao oder Cola trinkt oder zuviel Schokolade bzw. andere Lebensmittel mit viel Koffein oder anderen anregenden Substanzen isst, fühlt sich leicht wie «unter Strom» und erhöht damit das Risiko von Panikattacken. Für diesen Effekt bedarf es keiner Riesenmengen an Tee oder Kaffee. Wenn Sie zu den Menschen gehören, die besonders empfindlich auf diese Stimulanzien reagieren, kann unter Umständen auch schon eine Tasse genügen. Erwägen Sie, unter Umständen ganz auf unverfängliche Alternativen wie entkoffeinierten Kaffee, Getreidekaffee oder Kräutertees umzusteigen.

Nikotin ist ein sehr kräftiges Stimulans, das Angstgefühle verstärken kann. Mit dem Rauchen aufzuhören wird auf Ihre körperliche und psychische Gesundheit in jedem Fall eine sehr günstige Wirkung haben. Wenn Sie stark rauchen und aufhören wollen, können Sie diverse Unterstützungsprogramme in Anspruch nehmen. Solche Programme helfen nicht nur, die eigene Motivation aufrecht zu erhalten, sondern mindern auch unangenehme Entzugserscheinungen, vor denen Menschen mit Panikstörung sich oft besonders fürchten. Lassen Sie sich von Ihrer Hausärztin bzw. Ihrem Hausarzt oder auch von Ihrer Krankenkasse beraten.

Wie wir bereits gesehen haben, kann Alkohol beim Auslösen von Panikattacken eine wichtige Rolle spielen. Trinken Sie Alkohol immer nur maßvoll und halten Sie sich dabei an die aktuellen Empfehlungen. Laut Deutscher Gesellschaft für Ernährung kann für gesunde Männer eine Zufuhr von 20 Gramm Alkohol pro Tag und für Frauen von 10 Gramm Alkohol pro Tag als gesundheitlich verträglich angesehen werden, sollte jedoch nicht täglich erfolgen. Im Klartext heißt dies: Mehr als ein (bei Männern: zwei) Glas Wein oder Bier ab und an sollten es nicht sein.

Die beste Grundlage für Ihre körperliche Gesundheit legen Sie, wenn Sie Ihre Ernährung an den folgenden Richtlinien ausrichten:

– Essen Sie vollwertig, d. h. möglichst frische und unverarbeitete Lebensmittel, und zwar bevorzugt Vollkornprodukte, Hülsenfrüchte, Obst und Gemüse.

– Trinken Sie ausreichend (2 bis 3 Liter täglich), vor allem Wasser, Saftschorle oder Kräutertee.

– Vermeiden Sie strenge Diäten oder Fastenkuren. Wenn Sie abnehmen wollen, setzen Sie lieber auf eine allmähliche Gewichtsreduzierung und langfristige Ernährungsumstellung.

– Halten Sie sich unbedingt an regelmäßige Mahlzeiten und vermeiden Sie längere Zeiten ohne Essen.

– Reduzieren Sie Ihren Kaffee- oder Teekonsum.

– Halten Sie sich an die oben genannten Empfehlungen für den Alkoholkonsum.

– Hören Sie mit dem Rauchen auf und holen Sie sich dafür ärztliche oder therapeutische Unterstützung.

– Meiden Sie die Einnahme aller anregenden Substanzen oder Medikamente, es sei denn, Sie wurden Ihnen ausdrücklich ärztlich verschrieben.

Schlaf

Die meisten Menschen brauchen zwischen sieben und neun Stunden Schlaf pro Nacht, manche weniger, andere mehr. Selbst bei den Mitgliedern einer Familie können die Schlafbedürfnisse sehr unterschiedlich sein. Schlafmangel (aber auch zuviel Schlaf) kann dazu führen, dass man müde, reizbar und weniger belastungsfähig ist. Auch im Hinblick auf ihre Leistungskurve während des Tages sind einzelne Individuen sehr unterschiedlich. Manche schlafen gern morgens lange und können sich abends am besten konzentrieren, andere werden abends schnell müde und arbeiten am frühen Morgen am besten. Sogar die jeweilige Schlaftiefe fällt von Mensch zu Mensch anders aus, je nachdem, ob jemand selbst beim größten Lärm ruhig und fest schlafen kann oder schon vom geringsten Geräusch im Haus aufgeweckt wird. Einige liegen fast reglos in ihren Betten, andere wälzen sich auf der Matratze hin und her. Und während die einen in der Regel die ganze Nacht durchschlafen, müssen die anderen mehrmals pro Nacht aufstehen und zur Toilette gehen oder etwas trinken, wobei beide Gruppen am nächsten Tag angeben können, «gut geschlafen» zu haben.

Von Schlafgewohnheiten dieser Art nimmt man an, dass sie «angeboren» sind, so dass der Vorsatz, sie grundlegend zu verändern, oft nur schwer umsetzbar ist. Wichtig ist, sich klarzumachen, dass jeder von uns in punkto Schlaf seine ganz eigenen Bedürfnisse hat. Diese Bedürfnisse gilt es herauszufinden und, den Umständen entsprechend, bestmöglich zu erfüllen. Es gibt keine allgemein gültigen «Regeln» dafür, wann man ins Bett gehen und wie tief und lange man schlafen soll. Wichtig ist, dass man sich nach dem Aufwachen erfrischt fühlt. Ist dies bei Ihnen in der Regel nicht der Fall, sollten Sie Ihr Schlafmuster einmal genauer unter die Lupe nehmen. Haben Sie z. B. Probleme mit dem Ein- oder Durchschlafen? Leiden Sie unter wiederkehrenden Albträumen oder schreckhaftem Erwachen? Liegen Sie in den frühen Morgenstunden wach? Lautet Ihre Antwort auf eine dieser Fragen ja, sollten Sie ein «Schlaftagebuch» führen, dass Ihnen helfen wird, den zugrunde liegenden Problemen auf die Spur zu kommen.

Ein Beispiel für ein solches Schlaftagebuch finden Sie in **Abbildung 4**. Schreiben Sie nach diesem Muster unter dem Stichpunkt «Schlafqualität» mit Hilfe einer Skala von 0 bis 10 jeden Morgen auf, wie erfrischt Sie sich fühlen, wobei 0 für «extrem unerfrischt» und 10 für «sehr erfrischt» steht. Notieren Sie auch gleich, wo es Probleme gab, damit Sie herausfinden können, welche Bereiche Sie angehen müssen, um die Qualität Ihres Schlafes zu verbessern.

Datum	Schlafqualität	Problembereiche
3. Juni	6	Vom Gewitter aufgewacht, Angst vor Blitz und Donner
4. Juni	4	Am Abend vorher zuviel getrunken
5. Juni	3	Sorgen über Arbeit gemacht, konnte nicht einschlafen

Abbildung 4: Beispiel für ein Schlaftagebuch

Einige grundlegende Strategien können wir in jedem Fall einsetzen, um unsere Chancen auf einen guten Schlaf zu verbessern. Vielleicht haben Sie auch schon ein paar persönliche Tricks, die bei Ihnen besonders gut wirken. Bei den meisten Menschen haben sich die folgenden Maßnahmen bewährt:

– Vermeiden Sie in der letzten Stunde vor dem Zubettgehen körperlich oder geistig anstrengende oder aufregende Aktivitäten.

– Nehmen Sie vor dem Zubettgehen ein Entspannungsbad oder eine heiße Dusche.

– Trinken Sie vor dem Zubettgehen ein Glas warme Milch, evtl. mit Honig.

– Trinken Sie vor dem Zubettgehen keinen Alkohol.

– Hören Sie vor dem Zubettgehen ruhige Musik oder beschäftigen Sie sich mit einer entspannenden Lektüre.

– Versuchen Sie, die Sorgen des Tages auszublenden. Sie können sich am nächsten Morgen wieder damit befassen.

– Machen Sie eine Entspannungsübung (siehe den folgenden Abschnitt zum Thema «Entspannung»).

Entspannung

Für das allgemeine Wohlbefinden ist es wichtig, immer wieder Phasen der Muße und Entspannung einzulegen. Nur so können wir einmal abschalten und unsere Batterien wieder neu aufladen.

Was der Einzelne als entspannend empfindet, ist äußerst unterschiedlich. Während für manche Yoga oder Meditation die größte Entspannung bieten, können andere bei einem Kino- oder Saunabesuch am besten abschalten. Wieder andere gehen lieber spazieren, gärtnern oder angeln. Einige legen am liebsten täglich kurze Zeiten der Entspannung ein, anderen liegt es eher, die Zeit aufzusparen und sich einmal pro Woche ausgiebig zu entspannen. Wofür Sie sich auch immer entscheiden – wichtig ist, dass Sie sich regelmäßig Zeit für sich nehmen und etwas tun, das Ihnen Freude macht. Achten Sie darauf, dass Sie in dieser Zeit aber auch wirklich etwas tun, das *Ihnen* Spaß bereitet, und nichts, das Sie nur anderen zuliebe tun. Um herauszufinden, was für Sie geeignet wäre, führen Sie in der folgenden Liste alle möglichen Aktivitäten auf, die Sie als entspannend empfinden. Es können Dinge sein, die Sie schon jetzt tun, aber auch solche, die Sie schon lange nicht mehr getan haben oder einfach schon immer einmal tun wollten.

	Entspannende Aktivitäten	Wie häufig bauen Sie sie in Ihren Alltag ein?
1		
2		
3		
4		
5		

Sehr hilfreich ist es, eine regelrechte Entspannungstechnik zu erlernen, die man dann jederzeit gezielt zur Entspannung einsetzen kann. Die «Progressive Muskelentspannung» genannte Technik hat sich in diesem Zusammenhang besonders bewährt. Regelmäßig praktiziert, hilft sie, die Muskelanspannung und andere Stresssymptome wirksam zu senken. Dabei werden, während man ganz langsam atmet, nach und nach alle wichtigen Muskelgruppen des Körpers fest angespannt und bewusst wieder gelöst. Die Technik muss mindestens einmal täglich geübt werden, damit man sie nach einiger Zeit wirklich beherrschen kann. Wenn Sie genug Zeit finden, sie zweimal am Tag zu üben, wird es noch schneller gehen, bis Sie sie gezielt einsetzen können. Bei den meisten stellen sich nach zwei bis drei Wochen regelmäßigen Übens die ersten positiven Wirkungen ein.

Überlegen Sie, zu welcher Tageszeit Sie die Technik regelmäßig üben können. Meist geht es am ehesten morgens nach dem Aufwachen und/oder abends vor dem Zubettgehen. Nutzen Sie das vorgedruckte «Übungsprotokoll», um sich an das regelmäßige Üben zu erinnern und Ihre Fortschritte zu verfolgen. Sie können das Protokoll vor dem ersten Ausfüllen kopieren oder in ein Notizbuch übertragen, um es über mehrere Wochen hinweg anwenden zu können.

Schritt 2: Den eigenen Lebensstil erkennen

- Nehmen Sie eine bequeme sitzende oder liegende Haltung ein. Sorgen Sie dafür, dass Sie in den nächsten zwanzig Minuten nicht gestört werden. Dazu kann es notwendig sein, andere darauf hinzuweisen, dass Sie nicht gestört werden wollen, und sich allein in ein ruhiges Zimmer zurückzuziehen.

- Schließen Sie die Augen und konzentrieren Sie sich auf Ihren Atem. Lassen Sie ihn langsam und gleichmäßig werden. Sagen Sie sich in Gedanken jeweils beim Ausatmen das Wort «ENT-SPANNEN».

- Spannen Sie den rechten Fuß an, ziehen Sie die Zehen an, so dass sie nach unten zeigen. Konzentrieren Sie sich auf die Spannung. Lösen Sie langsam diese Spannung beim Ausatmen und sagen Sie sich wieder das Wort «ENT-SPANNEN».

- Spannen Sie dann den rechten Wadenmuskel an und halten Sie die Spannung für eine Weile. Lösen Sie die Spannung langsam beim Ausatmen.

- Gehen Sie so den ganzen Körper durch, vom rechten Bein zum linken Bein, von Gesäß, Rücken, Bauch, Brust, Schultern, linkem Arm, linker Hand und linken Fingern zum rechten Arm, rechter Hand und rechten Fingern, von Nacken, Unterkiefer, Lippen und Augen bis zur Stirn. Spannen Sie jeweils eine Muskelgruppe an und lösen Sie die Spannung dann wieder.

- Spüren Sie der Übung nach, gehen Sie dabei Ihren ganzen Körper noch einmal durch und achten Sie darauf, ob der größte Teil der Spannung tatsächlich gewichen ist. Sind einige Bereiche noch immer angespannt, wenden Sie die Technik dort noch einmal an.

- Recken und strecken Sie Arme und Beine und öffnen Sie langsam die Augen. Versuchen Sie, das angenehme Gefühl der Entspannung über den restlichen Tag (oder, wenn es schon Abend ist, bis zum Einschlafen) zu bewahren.

Abbildung 5: Progressive Muskelentspannung

Sobald Sie die Technik der «Progressiven Muskelentspannung» beherrschen, können Sie eine Kurzform für Situationen einüben, in denen Sie schlecht die gesamte Übung durchführen können. Selbst im Bus oder im Zug können Sie dann die Augen schließen, langsam atmen, sich in Gedanken «ENT-SPANNEN» sagen und leicht die Muskeln von Händen oder Füßen anspannen und wieder lösen. Mit etwas Übung kann diese Kurzform fast genauso wirksam sein wie die gesamte Technik.

Übungsprotokoll «Progressive Muskelentspannung»

Schätzen Sie die Wirkung auf einer Skala von 0 bis 10 ein, wobei 0 für «gar nicht wirksam» und 10 für «sehr wirksam» steht

	Montag	Dienstag	Mittwoch	Donnerstag	Freitag	Samstag	Sonntag
☑ Morgens	☐	☐	☐	☐	☐	☐	☐
Wirkung	☐	☐	☐	☐	☐	☐	☐
Bemerkungen							
☑ Abends	☐	☐	☐	☐	☐	☐	☐
Wirkung	☐	☐	☐	☐	☐	☐	☐
Bemerkungen							

Rückblick Schritt 2

In Schritt 2 haben wir einige Vorschläge gemacht, wie Sie Ihre körperliche Gesundheit verbessern und dadurch Ihre Anfälligkeit für Stress verringern können. Versuchen Sie jetzt im Rückblick, die folgenden Fragen nach Ihrem derzeitigen Lebensstil und möglichen Verbesserungen zu beantworten

- Treiben Sie Sport bzw. bewegen Sie sich regelmäßig? Falls nicht: Mit welcher Art von Sport oder Bewegung könnten Sie beginnen?
- Ist Ihre Ernährung gesund und ausgewogen? Nehmen Sie regelmäßige Mahlzeiten zu sich? Wieviel Kaffee, Tee und Kakao trinken Sie? Sind Sie entschlossen, mit dem Rauchen aufzuhören, und haben sich nach einem entsprechenden Unterstützungsprogramm umgesehen? Halten Sie sich an die von der Deutschen Gesellschaft für Ernährung vorgegebenen Höchstmengen für das Trinken von Alkohol?
- Haben Sie Schwierigkeiten mit dem Ein- oder Durchschlafen? Wachen Sie morgens zu früh auf? Was könnten Sie tun, um Ihre Schlafqualität zu verbessern?
- Nehmen Sie sich genug Zeit für Entspannung und Erholung? Falls nicht: Wie könnten Sie Ihren Alltag so umorganisieren, dass es ausreichend Entspannungsphasen gibt?
- Wann können Sie die Technik der «Progressiven Muskelentspannung» üben? Wie können Sie sicherstellen, dass Sie sie mindestens einmal (noch besser: zweimal) am Tag üben können?

Ihren Lebensstil so zu verändern, dass er weniger stressreich ist, kann mehrere Wochen oder gar Monate dauern, vor allem, wenn in mehreren Bereichen Veränderungen angezeigt sind. Beginnen Sie mit kleinen Schritten, damit die Aufgabe nicht überwältigend groß erscheint, und legen Sie sich einen langfristigen Plan zurecht. Achten Sie darauf, nicht zu viele Punkte auf einmal in Angriff zu nehmen, und nicht gleich die Flinte ins Korn zu werfen, wenn es einmal nicht voran geht oder gar kleine Rückschläge gibt. Grübeln Sie nicht zu lange darüber nach, sondern akzeptieren Sie solche Hindernisse als ganz normal, und nehmen Sie so bald wie möglich Ihr Programm wieder auf.

Schritt 3
Panikattacken abwenden

In Rahmen von Schritt 2 haben wir erklärt, wie Sie durch Veränderungen in Ihrem Lebensstil Ihren Stresspegel insgesamt senken können. Dabei ging es vor allem darum, Ihre körperliche Gesundheit zu stärken und so Ihre Anfälligkeit für Panikattacken zu mindern. Veränderungen im Lebensstil brauchen ihre Zeit, so dass Sie neben den Umstellungen in den Bereichen Bewegung, Ernährung, Schlaf und Entspannung bestimmte Techniken erlernen sollten, mit denen sich Paniksymptome wirksam bekämpfen lassen. Auch hier sind etwas Geduld und Durchhaltevermögen gefragt, denn wie bei allen neuen Fertigkeiten braucht es eine Weile, bis man sie sicher beherrscht und gezielt einsetzen kann. Denken Sie immer daran, dass Sie durch diese Techniken Kontrolle über Ihre Paniksymptome gewinnen können und Ihnen dies helfen wird, an Aktivitäten teilzunehmen, die Sie bisher aus Angst vor weiteren Panikattacken vermieden haben. Dies wiederum wird zu Ihrem körperlichen Wohlbefinden beitragen, so dass es zu einem positiven Kreislauf kommt, der nicht mehr von Stress und Angst bestimmt wird.

In Schritt 3 wollen wir uns deshalb mit der Frage beschäftigen, wie Sie die Paniksymptome unter Kontrolle bekommen können. Indem Sie die beschriebenen Techniken regelmäßig üben, wappnen Sie sich gegen weitere Panikattacken. Sie lernen, unangenehme Paniksymptome gleich zu Beginn ganz gezielt abzufangen und weiteren Attacken dadurch vorzubeugen.

Techniken gegen Hyperventilation

Dass man einmal schneller atmet als sonst, kann verschiedene Gründe haben, z. B. weil man erhöhte Temperatur, sich körperlich angestrengt oder gerade sehr erschrocken hat. In solchen Situationen ist eine erhöhte Atemfrequenz ganz natürlich und normal. Viele Menschen atmen jedoch auch schneller, wenn Sie unter Stress stehen oder sich Sorgen machen. Dieses schnelle, flache Atmen kann, wie bereits erwähnt, zur Entstehung von Panikattacken beitragen. Hat die Attacke erst einmal eingesetzt, wird die Atmung zusätzlich schneller und flacher, und es kommt zum «Hyperventilation-Panik»-Kreislauf.

In Teil I (Kapitel 3) haben wir erklärt, dass Hyperventilation zu unangenehmen körperlichen Empfindungen führt, da es das Gleichgewicht zwischen Sauerstoff und Kohlendioxid im Blut durcheinander bringt. Diese Wirkung kann man umdrehen, indem man die Atemfrequenz verringert und so den Kohlendioxidgehalt des Blutes erhöht. Sobald die Hyperventilation nachlässt, legt sich auch die innere Erregung, Angst und Panik werden weniger wahrscheinlich.

In den folgenden Abschnitten erklären wir zwei Techniken, mit deren Hilfe man die Menge an Kohlendioxid im Blut erhöhen und so einer Panikattacke entgegenwirken kann. Sie können beide Techniken jeweils einzeln oder in Kombination einsetzen, um Ihre Panikattacken gleich zu Beginn abzufangen. Probieren Sie beides aus und schauen Sie, was für Sie am besten funktioniert.

Langsames Atmen

Diese Technik lässt sich überall einsetzen und dauert nur wenige Minuten. Das Ziel besteht darin, die Atemfrequenz bei den allerersten Anzeichen einer aufkommenden Panik auf acht bis zehn Atemzüge pro Minute zu reduzieren. Wenn Sie die Technik regelmäßig üben und lernen, Ihre Atemfrequenz bewusst zu reduzieren, werden Sie in der Lage sein, Ihren Panikattacken gleich zu Beginn etwas sehr Wirksames entgegenzusetzen.

– Beginnen Sie damit, Ihre Aufmerksamkeit auf Ihren Atem zu lenken. Versuchen Sie noch nicht, Ihren Atem zu beeinflussen, sondern konzentrieren Sie sich auf das Gefühl des Atmens. Wenn Ihre Gedanken abschweifen, lenken Sie Ihre Aufmerksamkeit sanft wieder zu Ihrem Atem zurück.

– Üben Sie die «Bauchatmung»: Legen Sie eine Hand auf den Bauch, atmen Sie gegen Ihre Hand und spüren Sie, wie Ihr Bauch sich bei jedem Einatmen ausdehnt. Versuchen Sie gleichzeitig, die Bewegungen von

Brust und Schultern beim Atmen zu reduzieren. Eventuell können Sie sich auch im Spiegel beobachten, um sicherzustellen, dass Ihre Schultern sich möglichst wenig bewegen. Diese Technik bewahrt Sie davor, keuchende, hektische Atemzüge zu nehmen.

– Halten Sie die eingeatmete Luft beim nächsten Atemzug ein und zählen Sie bis zehn (etwa zehn Sekunden). Atmen Sie nicht zuviel Luft ein. Wenn es Ihnen zu schwierig erscheint, Ihren Atem zehn Sekunden lang anzuhalten, versuchen Sie es mit acht Sekunden.

– Atmen Sie langsam aus.

– Atmen Sie beim nächsten Atemzug zum langsamen Zählen bis drei ein und anschließend zum langsamen Zählen bis drei wieder aus. Atmen Sie weiter langsam ein und aus, zählen Sie jeweils bis drei und versuchen Sie dabei, nicht allzu tiefe Atemzüge zu nehmen. Versuchen Sie, Ihren Atem so zu verlangsamen, dass Sie schließlich drei Sekunden zum Einatmen und drei Sekunden zum Ausatmen brauchen.

– Atmen Sie mindestens eine Minute lang in diesem langsamen Tempo weiter.

– Wenn Sie noch immer Panik verspüren, halten Sie den Atem nach dem Einatmen weitere zehn Sekunden lang an und wiederholen Sie die Übung. Machen Sie weiter, bis das Panikgefühl nachlässt.

Wenn Sie diese Technik regelmäßig und häufig (fünf oder sechsmal am Tag) üben, werden Sie feststellen, dass Sie Ihren Atem immer zuverlässiger kontrollieren können. Machen Sie ein heimliches «Spiel» daraus, im Bus oder beim Warten an der Ampel oder wann immer Sie ein paar Minuten Zeit haben, Ihre Atemübung durchzuführen. Schon sehr bald werden Sie in der Lage sein, diese Technik gezielt einzusetzen, um panische Gefühle gleich zu Beginn abzufangen, ehe Sie sich zu einer richtiggehenden Panikattacke auswachsen können.

Papiertüten-Technik

Bei dieser Methode wird der Kohlendioxidpegel im Blut dadurch erhöht, dass man seine eigene (weniger sauerstoffreiche) Atemluft einatmet. (Keine Sorge: Sie bekommen trotzdem noch ausreichend Sauerstoff!) Für diese Technik braucht man weniger Übung als für die oben beschriebene

Atemtechnik, dafür eignet sie sich weniger gut für den Einsatz in der Öffentlichkeit.

- Sobald Sie sich panisch fühlen, halten Sie eine kleine Papiertüte über Mund und Nase. Drücken Sie die Tüte fest mit beiden Händen auf das Gesicht und achten Sie darauf, dass möglichst keine Lücke entsteht, durch die Luft entweichen kann.

- Atmen Sie jetzt langsam und regelmäßig in die Tüte, bis Ihre Panikgefühle nachlassen und Ihre Atmung sich beruhigt hat.

- Einen ähnlichen Effekt erzielen Sie, wenn Sie die hohlen Hände um Nase und Mund legen und langsam ein- und ausatmen.

Um diese Technik einzusetzen, müssen Sie stets eine Papiertüte in der Hand- oder Jackentasche bei sich tragen. In der Öffentlichkeit ist die Methode mit den hohlen Händen leichter anzuwenden. Wenn Sie einen ungestörten Ort finden, an dem Sie die Papiertüte zum Einsatz bringen können, wird die Technik Ihnen helfen, das Gleichgewicht zwischen Sauerstoff und Kohlendioxid im Blut rasch wieder herzustellen und so die Angstsymptome im Zaum zu halten.

Ablenkung

Richtet man die gesamte Aufmerksamkeit auf seine Symptome, werden diese meist schlimmer, und die Panikattacke wird intensiver. Deshalb gibt es eine Reihe von Techniken, die Sie einsetzen können, um Ihre Gedanken von den Panikgefühlen abzulenken. Vielleicht haben Sie für sich bereits selbst eine solche Technik entwickelt. Die vier in den folgenden Absätzen beschriebenen Techniken werden von den meisten Betroffenen als besonders hilfreich empfunden. Probieren Sie am besten alle aus und schauen Sie dann, welche bei Ihnen am besten wirkt.

Gummiband-Technik

Tragen Sie ein Gummiband lose um Ihr Handgelenk. Wenn Sie Panik in sich aufsteigen fühlen, ziehen Sie das Gummiband weiter und lassen Sie es auf die Innenseite Ihres Handgelenks schnappen. Häufig reicht die kurze, intensive Schmerzempfindung aus, um Ihre Aufmerksamkeit von den beginnenden Paniksymptomen abzulenken. Dies gibt Ihnen Zeit, einige der anderen Techniken zum Abwenden von Panikattacken, wie z. B. das langsame Atmen einzusetzen. Manchmal reicht die Gummibandtechnik aber auch schon alleine aus, um eine Panikattacke an der weiteren Entfaltung zu hindern.

Zählen

Manche Menschen berichten, dass Sie sich von aufsteigenden Panikgefühlen am besten ablenken können, wenn sie sich darauf konzentrieren, Gegenstände in ihrer Umgebung zu zählen. Sie können z. B. die roten Autos, die Ihnen auf der Straße entgegenkommen, oder die Fenster in einem großen Gebäude zählen. Oder Sie können im Kopf Zahlen multiplizieren. Die Zähltechnik bietet vielfältige Möglichkeiten.

Visualisieren

Sich selbst, den Sorgen des Alltags entrückt, in einer angenehmen oder beglückenden Umgebung vorzustellen, kann sehr entspannend sein. Wenn Sie erste Anzeichen von Angst bemerken, versuchen Sie, sich eine angenehme Szene aus Ihrem früheren Leben, aus einem Film oder einem Buch ins Gedächtnis zu rufen. Sie können sich z. B. selbst an einem warmen Sommertag am Strand oder bei einem Spaziergang durch einen schönen Park vorstellen. Malen Sie sich eine Szene aus, die für Sie positive Bedeutung hat, und versuchen Sie, sich die Einzelheiten (Bilder, Geräusche, Gerüche) so realistisch wie möglich zu vergegenwärtigen. Wenn Sie immer mit der gleichen Szene üben, wird es Ihnen später leichter fallen, die Technik bei Bedarf ganz spontan einzusetzen.

Distanzieren

Eine andere Methode der Ablenkung besteht darin, möglichst rational über die Symptome der Panik nachzudenken und sich auf diese Weise von ihnen zu distanzieren. Versuchen Sie, Ihre Symptome «wissenschaftlich» zu sehen, schreiben Sie alle Symptome und Ängste auf und bewerten Sie deren Intensität. Diese Technik passt zu allen Menschen, die sich gut von sich selbst und ihren Ängsten distanzieren können, wenn es darum geht, die eigenen Erfahrungen zu «untersuchen» und festzuhalten. Die Panikattacke wird so zu einem «Forschungsgegenstand», den man aus der Distanz betrachten kann, ohne dass er über einen selbst Kontrolle gewinnt.

Auch ganz einfache, alltägliche Aktivitäten, z. B. Radio hören, fernsehen, mit einem Freund oder einer Freundin telefonieren, können helfen, von den Panikgefühlen abzulenken.

Ihr persönlicher Maßnahmenkatalog

Es ist wichtig, dass Sie wissen, welche Techniken für Sie am besten sind, damit Sie gut vorbereitet in schwierige Situationen gehen können. Allein die Zuversicht, für alle Eventualitäten gerüstet zu sein, kann schon Angst mindernd wirken. Stellen Sie deshalb eine Liste aller Ablenkungstechniken zusammen, die Sie ausprobiert haben, und überlegen Sie, wie wirksam sie waren (benutzen Sie auch hierfür wieder eine Skala von 0 bis 10). Dies hilft Ihnen zu entscheiden, welche Techniken Sie in Zukunft anwenden wollen.

Schreiben Sie dann alle Techniken, die Ihnen helfen, eine Panikattacke möglichst schon im Keim zu ersticken, auf eine kleine Karteikarte, die Sie in Ihrer Hand- oder Brieftasche bei sich tragen können. Sobald Bedarf besteht, können Sie dann Ihre Karte zücken und sich sofort daran erinnern, welche Gegenmaßnahmen Sie bei Angst oder Panik ergreifen können.

Auf Ihrer Karte könnten z. B. die folgenden Anweisungen stehen:

– Atem zehn Sekunden anhalten

– Langsam atmen (drei Sekunden ein-, drei Sekunden aus)

– Auf Zähltechnik konzentrieren

Oder:

– Gummiband

– Papiertüte

– Langsam atmen

– Szene am Strand vorstellen

Wenn Sie merken, dass die Panik nachlässt, sollten Sie auf jeden Fall versuchen, noch eine kleine Weile dort zu bleiben, wo Sie gerade sind, und mit dem fortzufahren, was Sie gerade getan haben, wenn auch vielleicht in einem deutlich langsameren Tempo. Wenn Sie z. B. beim Einkaufen Panik verspürten, versuchen Sie, nach der Attacke noch fünf Minuten im Laden zu bleiben, auch wenn Sie nur langsam herumgehen und sich Waren anschauen. Hals über Kopf wegen einer Panikattacke aus einer bestimmten Situation zu flüchten kann es schwierig machen, später wieder in diese Situation zurückzukehren. Belohnen Sie sich für Ihren positiven Umgang mit der Panikattacke, indem Sie sich z. b. etwas Schönes leisten oder sich in Gedanken ausdrücklich dafür loben, wie gut Sie die Situation gemeistert haben.

Rückblick Schritt 3

In Schritt 3 haben wir einige wichtige Techniken für die Vorbeugung von Panikattacken beschrieben. Wenn Sie diese Techniken regelmäßig üben, werden Sie besser in der Lage sein, Panikgefühle zu überwinden und all die Aktivitäten wieder aufzunehmen, die Sie in letzter Zeit eher vermieden haben. Natürlich kann es Zeiten geben, in denen sie Angstgefühle erleben, obwohl Sie die gewählten Techniken einsetzen. Gelegentliche Rückschläge sind bei der Genesung von einer Panikstörung zu erwarten. Versuchen Sie, die Rückkehr der Angst als Herausforderung zu begreifen, die es Ihnen erlaubt, Ihre neu gewonnenen Fertigkeiten noch einmal zu üben. Sagen Sie sich immer wieder, dass Sie auf dem Weg der Genesung sind und ein gelegentlicher Ausrutscher auf diesem Weg nicht bedeutet, dass Sie wieder ganz von vorn anfangen müssen.

Überprüfen Sie Ihre Fortschritte, indem Sie sich die folgenden Fragen stellen:

- Gelingt es Ihnen, Ihre Atemfrequenz zu verringern?
- Üben Sie regelmäßig Ihre gewählte Atemtechnik?
- Welche Ablenkungstechniken funktionieren bei Ihnen am besten?
- Haben Sie alle hilfreichen Maßnahmen auf eine Karte geschrieben und holen Sie diese Karte heraus, wenn Sie sie brauchen?
- Gelingt es Ihnen, in schwierigen Situationen zumindest solange zu verweilen, bis die Angst nachzulassen beginnt?

Wenn Sie auf alle diese Fragen mit ja antworten können, dürfen Sie zum nächsten Schritt übergehen. Schritt 4 befasst sich mit negativen Denkstilen, die zur Entstehung von Angst und Panikattacken beitragen können.

Schritt 4
Negative Denkstile verändern

Die meisten von uns haben in ihrem Leben Phasen erlebt, in denen wir extrem besorgt waren – um unsere Gesundheit, unsere Familie oder Freunde, unsere Arbeit, unsere Finanzen oder unsere Zukunft. Sich gelegentlich Sorgen zu machen ist ganz normal, ja sogar nützlich, weil es uns in die Lage versetzt, Probleme vorauszusehen und zu lösen. Übermäßige Sorge jedoch kann sich zu einem eigenständigen Problem auswachsen und uns davon abhalten, uns auf die positiven Aspekte unseres Lebens zu konzentrieren. Bei anhaltender, intensiver Sorge kommt es mit großer Wahrscheinlichkeit zu körperlichen Symptomen wie Muskelspannung, Schwitzen, Magenschmerzen und trockener Kehle. Bei manchen Menschen kann die gesteigerte Anspannung Panikattacken auslösen. Wie wir in Teil I (Kapitel 3) gesehen haben, sind körperliche Angstsymptome wiederum häufig mit der Sorge um die eigene Gesundheit verbunden. Die Befürchtung, ernsthaft erkrankt zu sein, kann die Angst verstärken.

In Schritt 2 sahen wir, wie körperliche Faktoren wie Müdigkeit, schlechte Ernährung und mangelnde Fitness Stress und Angstsymptome verschlimmern können, und überlegten, wie Sie sich in all diesen Bereichen stärken können, um die eigene Widerstandskraft gegen Stress zu erhöhen. In Schritt 3 erklärten wir, wie Hyperventilation zu Angstgefühlen beitragen kann, und stellten Methoden vor, mit deren Hilfe Sie Paniksymptomen aktiv entgegentreten können. In Schritt 4 gehen wir nun der Frage nach, wie wir mit beunruhigenden Gedanken und negativen Denkstilen umgehen können, die für Angst und Panikattacken ebenfalls anfällig machen können.

Im Umgang mit negativen Denkstilen gibt es drei Phasen. Die erste Phase besteht darin, die negativen Gedanken als solche zu erkennen. In der zweiten Phase beginnt man, diese Gedanken zu hinterfragen, und in der dritten Phase wandelt man sie in positivere, hilfreichere Gedanken um. **Abbildung 6** fasst diesen dreistufigen Prozess zusammen.

> 1 Negative Gedanken erkennen
> ↓
> 2 Negative Gedanken hinterfragen
> ↓
> 3 Positivere, hilfreichere Gedanken an ihre Stelle setzen

Abbildung 6: Negatives Denken überwinden

Negative Gedanken erkennen

Wie wir Situationen, Erlebnisse und Wahrnehmungen interpretieren, beeinflusst, was wir darüber fühlen, bestimmt also, in welchem emotionalen Zustand wir uns befinden. Wenn Sie z. B. denken, dass Sie in einem Einkaufszentrum eine Panikattacke bekommen könnten, sind Sie wahrscheinlich bei jedem Einkaufsbummel äußerst nervös. Wie in Teil I erwähnt, spricht man in diesem Fall von *Erwartungsängsten*. Gemeint ist damit, dass man sich den schlimmstmöglichen Ausgang vorstellt und allein durch die Annahme, dass etwas Negatives passieren könnte, das Risiko, dass es tatsächlich zu einer Panikattacke kommt, deutlich erhöht. Wenn die Attacke dann eintritt, fühlt man sich in seiner Annahme bestätigt und gelangt zu der Überzeugung, dass die Angst unvermeidbar und unkontrollierbar ist. Letztlich geben Sie sich selbst die negative Botschaft: «Ich habe es ja gesagt!»

Auf diese Weise können Vorstellungen, Gedanken und Überzeugungen zu unangenehmen Emotionen wie Angst, Wut oder Depression führen. Weil diese Emotionen so unangenehm sind, entsteht der Impuls, alle Situationen zu meiden, in denen sie der eigenen Voraussage nach auftreten könnten. Was uns beunruhigt, sind also nicht so sehr *tatsächliche* Orte oder Ereignisse, sondern unsere *Interpretationen* und *Erwartungen*, die mit diesen Orten oder Ereignissen verbunden sind.

Die meisten Situationen lassen sich auf unterschiedliche Art und Weise deuten. Wir können uns angewöhnen, Situationen so zu interpretieren, dass daraus Gefühle von Angst und Panik entstehen. Indem wir alternative (aber realistische) Deutungen der gleichen Situationen einüben, können wir unsere Angstreaktionen aber auch reduzieren und uns negative Denkstile wieder «abgewöhnen».

Schritt 4: Negative Denkstile verändern 109

Einige Beispiele für negative Gedanken sind:
- Ich weiß genau, dass ich eine Panikattacke bekommen werde, wenn ich in einen Supermarkt gehe.
- Ich werde umfallen und das Bewusstsein verlieren, und niemand wird mir helfen.
- Dieser Schmerz in der Brust muss ein Herzinfarkt sein. Ich werde sterben.
- Alle werden mich auslachen, wenn ich hier eine Panikattacke bekomme.
- Hat die Panik erst einmal eingesetzt, kann sie nichts mehr stoppen.

Wenig hilfreiche Gedanken wie diese können in bestimmten Situationen immer wieder auftreten. Häufig kommen sie «automatisch», ohne dass es uns überhaupt bewusst ist. Es ist, als hätten wir einen «versteckten Kommentator» in uns, der tiefsten Pessimismus ausstrahlt. Die Tendenz, Situationen negativ zu interpretieren, entsteht durch viele Faktoren, z. B. unsere Erziehung, die Erwartungen, die andere an uns richten, und die Einflüsse der Gesellschaft, in der wir leben.

Ein besonders verhängnisvoller Aspekt negativer Interpretationen ist, dass sie in der Regel unzulässige Verallgemeinerungen sind. Nach einer Panikattacke in einem Bus neigen wir z. B. dazu, ähnliche Attacken in allen Arten von öffentlichen Verkehrsmitteln zu fürchten. Diese Vorstellungen lösen einen Teufelskreis aus: Weil wir Situationen, von denen wir annehmen, dass sie mit unangenehmen Angstgefühlen verbunden sind, lieber meiden, haben wir auch keine Chance, die unzulässigen Verallge-

Situation	Negativer Gedanke
Einkaufen in einem Kaufhaus	«Mir wird vor Angst so schwindelig, dass ich ohnmächtig umfalle.»
Friseurtermin	«Was, wenn ich Panik bekomme und nicht gleich gehen kann?»

Abbildung 7: Beispiele für negatives Denken

meinerungen zu überprüfen, und können deshalb nie herausfinden, ob sie in Wirklichkeit wahr oder unwahr sind. Wer nie mehr in einen Supermarkt geht, kann gar nicht wissen, ob er dort tatsächlich immer noch Panikattacken bekommen würde. Dieser Teufelskreis verurteilt zu einem eingeschränkten Leben voller Angst.

Abbildung 7 zeigt zwei Beispiele negativer Gedanken und die Situationen, in denen sie auftreten. Füllen Sie die leeren Zeilen mit negativen Gedanken, die Sie aus schwierigen Situationen kennen.

Beispiele für negative Denkstile

Es gibt verschiedene Arten von negativen Denkstilen, die unsere Angst steigern und uns letztlich demoralisieren. Im folgenden Abschnitt finden Sie einige Beispiele für solche Denkstile, wie sie der auf dieses Thema spezialisierte Therapeut Albert Ellis zusammengefasst hat. Überlegen Sie, ob Sie einige dieser Denkstile aus eigener Erfahrung kennen.

1. *Schwarz-Weiß-Denken* ist dann am Werk, wenn ein Ereignis entweder als totaler Erfolg oder als totaler Misserfolg angesehen wird, ohne dass Nuancen dazwischen wahrgenommen werden, z. B.: «Wenn ich beim Einkaufen ängstlich werde, habe ich bei der Überwindung meiner Angstprobleme versagt.»

2. *Verallgemeinerung* tritt auf, wenn die Erfahrung in einer Situation in der Vorstellung auf alle ähnlichen Situationen übertragen wird, z. B.: «Ich habe Panik verspürt, als ich am Bahnhof war, also werde ich wohl immer Panik bekommen, wenn ich ein öffentliches Verkehrsmittel benutzen will.» Oder: «Weil ich beim Ausgehen noch immer einige Paniksymptome habe, weiß ich, dass ich nirgendwo mehr hingehen kann.» Dass unzulässige Verallgemeinerungen zu einem Teufelskreis der Vermeidung führen können, haben wir bereits gesehen.

3. Zur *Überbewertung unangenehmer Erfahrungen* kommt es, wenn man sich ausschließlich auf das Negative konzentriert, z. B.: «Ich habe eine Besprechung geleitet und alle Akten auf meinem Schreibtisch aufgearbeitet, aber dann habe ich Panik bekommen, als ich einen Ordner nicht finden konnte. Der ganze Tag war eine einzige Katastrophe!»

4. Seine Entsprechung findet dies in der *Unterbewertung positiver Erfahrungen*, z. B.: «Was hilft es mir schon, dass ich eine erfolgreiche Journa-

listin bin? Ich bin ja doch zu nichts nutze, weil ich unter Angstsymptomen leide.»
5. Wer *unrealistische Erwartungen* hegt, mag sich meist selbst keine Fehler zugestehen, z. B.: «Ich wende doch alle Techniken an, die in dem Buch empfohlen werden, also darf ich auch nie wieder Panik bekommen.» Oder: «Ab der nächsten Woche geht es mir nur noch gut.»
6. Die *Verantwortung für die Gefühle anderer zu übernehmen*, ist ein weiterer negativer Denkstil, z. B.: «Es ist mein Fehler, dass die Party ein Misserfolg war – es muss daran gelegen haben, dass ich so ängstlich war.» Oder: «Es ist meine Schuld, dass sich meine Familie wegen meiner Angstsymptome Sorgen macht.»
7. Beim *Gedankenlesen* geht man davon aus, die Beweggründe und Empfindungen anderer Menschen zu kennen, ohne diese Annahmen je überprüft zu haben, z. B.: «Die anderen halten mich für beschränkt, weil ich unter Panikattacken leide.»

Vielleicht verwenden Sie einige dieser negativen Denkstile, ohne sich dessen bewusst zu sein. Denkstile können zur Gewohnheit werden und automatisch einsetzen, ohne dass man genau weiß, warum.

Jedes Mal, wenn Sie (auch nur leicht) aufgeregt oder ängstlich werden, sagen Sie sich selbst: «STOP!» Überlegen Sie dann möglichst genau, welcher Gedankengang Sie zu diesem Gefühl führte. Überlegen Sie, ob Sie die negativen Gedanken mit etwas verbinden können, das in letzter Zeit gesagt wurde oder geschehen ist. Können Sie in Ihren negativen Gedanken ein bestimmtes Muster erkennen?

Negative Gedanken hinterfragen

Nachdem Sie Ihre negativen Denkgewohnheiten erkannt haben, besteht der nächste Schritt darin zu lernen, wie Sie sie in positivere Gedanken verwandeln können. Dazu gehört, die negativen Gedankengänge kritisch zu prüfen und zu überlegen, ob sie tatsächlich zutreffen. Es gibt drei Möglichkeiten, Ihre negativen Gedanken zu hinterfragen:
1. *Die Beweislage anzweifeln.* Hinterfragen Sie, ob die negative Vorstellung wirklich immer und überall der Wahrheit entspricht. Wenn Sie denken: «Bestimmt bekomme ich eine Panikattacke, wenn ich ins Kaufhaus

gehe», könnten Sie überlegen, ob Sie *automatisch* in *allen* Kaufhäusern Panikattacken bekommen. Welche Anhaltspunkte haben Sie für die Annahme, dass Sie *ganz bestimmt* eine Panikattacke bekommen werden? Können Sie sich an Gelegenheiten erinnern, bei denen Sie beim Einkaufen *keine* Attacke oder nur geringe Angstsymptome hatten?

Eine andere Möglichkeit, die Beweislage für einen negativen Gedanken kritisch zu hinterfragen, besteht darin, die Erwartungen an sich selbst darauf zu überprüfen, ob sie realistisch sind. Erwarten Sie von sich selbst, beim Einkaufen *niemals* mehr *irgendwelche* Angstsymptome zu erleben?

2. *Andere Möglichkeiten erwägen, ehe man Schlussfolgerungen zieht.* Ehe Sie behaupten, dass Ihre negative Interpretation von sich selbst oder einer bestimmten Situation die einzig «richtige» ist, überlegen Sie, ob man die gleiche Situation nicht auch ganz anders sehen könnte. Wenn Sie z. B. bei sich leichte Benommenheit, Schwäche oder Schwitzen bemerken oder das Gefühl haben, «neben sich» zu stehen, fragen Sie sich selbst, ob andere Ursachen als Angst oder Panik dahinter stecken könnten: Sind Sie nach langem Sitzen zu schnell aufgestanden? Ist der Raum überheizt? Haben Sie längere Zeit nichts gegessen? Sind Sie müde? Haben Sie sich erkältet, oder sind Sie krank? Oder gibt es andere Faktoren, die zu diesen Empfindungen beigetragen haben könnten?

3. *Andere nach ihrer Sicht der Situation fragen.* Dies kann eine sehr nützliche Methode sein. Freunde oder Kollegen, Partner oder andere Angehörige können Ihnen helfen, eine bestimmte Situation aus einem anderen, möglicherweise realistischeren Blickwinkel zu sehen.

Versuchen Sie, einige Ihrer eigenen negativen Gedanken zu hinterfragen, indem Sie die leeren Zeilen in **Abbildung 8** vervollständigen. Schauen Sie sich zunächst die beiden Beispiele in der Abbildung an. Wählen Sie dann drei kürzlich zurückliegende Situationen, in denen Sie sich ängstlich fühlten, und schreiben Sie auf, welche negativen Gedanken Ihnen in diesen Situationen durch den Kopf gingen. Versuchen Sie, diese Gedanken zu hinterfragen, indem Sie die ersten beiden der oben angeführten Strategien anwenden. Merken Sie, dass Ihr Angstpegel sich verändert, wenn Sie beginnen, Ihre negativen Gedanken kritisch in Frage zu stellen?

Schritt 4: Negative Denkstile verändern **113**

Situation	Negativer Gedanke	Hinterfragen und Alternativen erwägen
An einem heißen Tag im Supermarkt eingekauft, Paniksymptome erlebt	«Mit mir wird es nie besser werden.»	«Es war heiß und ich war in Eile. Das nächste Mal werde ich mir mehr Zeit nehmen, eine Zeit wählen, in der dort weniger Betrieb herrscht, und zwischendurch etwas trinken. Ich habe in letzter Zeit schon einige Fortschritte gemacht, und wenn ich beharrlich am Ball bleibe, werde ich meine Probleme letztlich auch überwinden.»
Verwandtenbesuch mit hitzigen Diskussionen, mich benommen gefühlt, schnellen Puls gehabt	«Ich bekomme einen Herzinfarkt.»	«Ich habe mehrere medizinische Untersuchungen hinter mir, mit meinem Herzen ist alles in Ordnung. Die Symptome haben nachgelassen, sobald wir gegangen sind. Ich habe mich einfach bloß aufgeregt. Wenn ein Herzinfarkt gedroht hätte, wären die Beschwerden nicht so rasch besser geworden.»

Abbildung 8: Negative Gedanken hinterfragen

Negative Gedanken in positive Gedanken verwandeln

In den letzten beiden Abschnitten sahen wir, wie negative Gedanken über uns und unsere Fähigkeiten zur Angstbewältigung wiederum zu Angst und Panikattacken führen können, dass aber allein schon das Hinterfragen dieser Gedanken diese Angst mindern kann, weil es übermäßige Sor-

Situation	Positive Gedanken
Kaufhaus	«Ich werde mit meiner Angst schon fertig werden.»
Friseur	«Ich werde es genießen, mich einmal zu verwöhnen und richtig schön machen zu lassen!»

Abbildung 9: Beispiele für positives Denken

gen weniger «glaubwürdig» macht und ihnen dadurch den Nährboden entzieht. Die nächste Phase bei der Überwindung negativer Gedanken besteht darin, unangenehme, wenig hilfreiche Denkstile durch positivere zu ersetzen.

Anstatt in düsteren oder ängstlichen Gedanken zu verharren, die zu Angstsymptomen führen, können Sie sich selbst beruhigen und zuversichtlich stimmen, indem Sie sich sagen: «Ich werde schon damit fertig», oder: «Es wird alles gut gehen.» An welchen ermutigenden Gedanken würden Sie sich selbst gern festhalten, wenn Sie das nächste Mal einer schwierigen Situation begegnen? Schauen Sie sich die Beispiele in **Abbildung 9** an und fügen Sie einige Situationen hinzu, die Sie als schwierig oder Angst machend empfinden. Überlegen Sie dann, welche positiven Gedanken Ihnen in diesen Situationen helfen würden.

Versuchen Sie nun, den dreistufigen Prozess am eigenen Beispiel nachzuvollziehen. Überlegen Sie, wann Sie das letzte Mal Angst oder Panik verspürten und welche negativen Gedanken Ihnen dabei durch den Kopf gingen. Beschreiben Sie als Erstes die Situation.

Situation: _____

Schreiben Sie dann die negativen Gedanken auf, an die Sie sich erinnern.

Negative Gedanken: _____

Wie können Sie diese negativen Gedanken auf die Probe stellen? Versuchen Sie, die Beweislage anzuzweifeln und dabei die im vorherigen Abschnitt genannten Techniken einzusetzen. Was könnte die «Glaubwürdigkeit» der negativen Gedanken unterhöhlen?

Kritische Gedanken: _____

Merken Sie, dass die Angst nachlässt, sobald die negativen Gedanken nicht mehr unhinterfragt im Raum stehen? Ist es Ihnen gelungen, an der «Glaubwürdigkeit» Ihrer negativen Gedanken zu kratzen und Ihnen damit den Nährboden zu entziehen? Falls ja, besteht der letzte Schritt darin, positivere und hilfreichere Gedanken zu finden. Welche beruhigenden und ermutigenden Sätze könnten Sie formulieren?

Positive Gedanken: _____

Anfangs mag Ihnen diese Übung etwas schwierig erscheinen. Mit der Zeit werden Sie jedoch feststellen, dass es Ihnen leichter fällt, negative Gedanken zu erkennen, zu hinterfragen und schließlich durch zuversichtlichere Gedanken zu ersetzen. Benutzen Sie die nachfolgend abgedruckte Tabelle, um diese Technik weiter zu üben.

Andere Möglichkeiten, negative Gedanken zu vertreiben

Wie oft haben Sie sich gesagt, dass Sie anderen gute Ratschläge geben können, eigene Probleme aber selbst nicht lösen können? Versuchen Sie einfach, sich selbst gute Ratschläge zu geben! Betrachten Sie sich selbst wie eine gute Freundin oder einen guten Freund, die/den Sie sehr gut verstehen können. Was würden Sie einem anderen Menschen sagen, der Sie wegen Angst und Panikattacken um Rat fragt?

Eine andere Möglichkeit besteht darin, sich jemanden vorzustellen, von dem Sie wissen, dass es ihm gelingt, auch in schwierigen Situationen stets das Positive zu sehen. Wie würde diese Person eine Situation deuten, die Sie als schwierig empfinden? Welche positiven, ermutigenden Gedanken würde diese Person denken? Manchmal hilft es schon, gedanklich in die Rolle eines anderen Menschen zu schlüpfen, um eine bestimmte

Hinterfragen negativer Gedanken

Schätzen Sie den Angstpegel mit Hilfe einer Skala von 0 bis 10 ein (0 = gar nicht ängstlich, 10 = extrem ängstlich)

Datum	Negativer Gedanke	Angstpegel	Kritische Gedanken	Positiver Gedanke

Situation «mit anderen Augen» zu sehen, vor allem, wenn dieser Mensch eine positive Einstellung zum Leben hat.

Zusätzlich können Sie die eigenen Gedanken mit jemandem besprechen, der Ihnen nahe steht und Sie gut kennt. Erklären Sie, wie Sie eine bestimmte Situation sehen, die Sie angespannt oder ängstlich macht. Ihr Gegenüber könnte Ihnen helfen, indem es die negativen Einflüsse in Ihrer Wahrnehmung sieht, die für Sie selbst zunächst nicht erkennbar sind. Sie können üben, «klar zu denken», indem Sie alternative Erklärungen für bestimmte, von Ihnen als schwierig empfundene Situationen abwägen. Versuchen Sie, an Ihren negativen Interpretationen nicht festzuhalten, sondern gewöhnen Sie sich stattdessen an, jede Situation aus verschiedenen Blickwinkeln zu betrachten.

«Souffleur-Karten» können ein nützliches Hilfsmittel sein, um sich an positive, ermutigende Gedanken zu erinnern. Dies sind kleine Karteikarten, die Sie in der Hand-, Brief- oder Jackentasche bei sich tragen und immer dann herausziehen können, wenn Sie das Gefühl haben, in alte, negative Denkstile abzugleiten. Schreiben Sie immer nur einen positiven Gedanken auf jede Karte und verwenden Sie so viele Karten, wie Sie brauchen.

Wann immer Sie das Gefühl haben, sich an Ihre positiven Gedanken erinnern zu wollen, lesen Sie die Karten durch. In allen schwierigen Situationen, z. B. beim Einkaufen, beim Benutzen öffentlicher Verkehrsmittel, können Sie Ihre Karten zücken und so Ihre negativen Gedanken vertreiben. Mit der Zeit werden die positiven Gedanken für Sie zu einer «zweiten Natur» werden, Sie müssen dann nur noch an Ihre Karten denken, um sich positiver einzustimmen, und eines Tages werden Sie die Karten gar nicht mehr brauchen.

Rückblick Schritt 4

Im Rahmen von Schritt 4 haben Sie gelernt, Ihre negativen Gedanken zu erkennen, zu hinterfragen und in positivere Gedanken zu verwandeln. Denken Sie daran, dass Denkstile über längere Zeitspannen «antrainiert» werden. Wie bei jeder anderen Angewohnheit auch, braucht man Zeit und Übung, um sie wieder «abzutrainieren». Sich für das Überwinden einzelner negativer Gedanken zu belohnen, kann ein hilfreiches Mittel sein, negative Denkgewohnheiten zu durchbrechen. Versuchen Sie, sich zu belohnen, wenn Sie es geschafft haben, «klar» zu denken und Ihre Angst zu überwinden.

Überprüfen Sie Ihre Fortschritte, indem Sie sich die folgenden Fragen stellen:

– Können Sie einige der negativen Gedanken, die bei Ihnen zu Angst und Panik führen, inzwischen klar erkennen?

– Gelingt es Ihnen, Ihre negativen Gedanken kritisch in Frage zu stellen?

– Wissen Sie, welche positiven oder ermutigenden Gedanken Sie gern an die Stelle dieser negativen Gedanken setzen wollen?

– Haben Sie entsprechende «Souffleur»-Karten angelegt, die Sie in schwierigen Situationen zücken können?

– Setzen Sie Ihre Karten regelmäßig ein?

Wenn Sie alle obigen Fragen mit ja beantworten können, gehen Sie zu Schritt 5 über, der sich mit den körperlichen Empfindungen bei Panikattacken befasst.

Schritt 5
Sensibilität für körperliche Empfindungen vermindern

Bei vielen Menschen mit Panikstörung lösen körperliche Empfindungen, die an Paniksymptome erinnern, weitere Ängste und – wenn diese Ängste stark sind und längere Zeit andauern – auch Panikattacken aus. Auf diese Weise entsteht ein Teufelskreis: Körperliche Empfindungen führen zu Panikgefühlen, und Panikgefühle lenken die Aufmerksamkeit verstärkt auf körperliche Empfindungen.

Haben Sie auch schon einmal erlebt, dass bestimmte körperliche Empfindungen (wie z. B. ein rascher Puls) bei Ihnen die Sorge auslösen, Sie könnten gleich eine Panikattacke bekommen? Wenn dies so ist, gehören Sie zu den vielen Betroffenen, die begonnen haben, «normale» körperliche Empfindungen zu fürchten und sie als Anzeichen einer unmittelbar bevorstehenden Panikattacke fehlzudeuten.

Welche körperlichen Regungen erinnern Sie an Ihre Paniksymptome? Listen Sie in den nachfolgenden freien Zeilen alle körperlichen Symptome auf, die Sie mit Gefühlen von Angst und Panik verbinden:

1 _____
2 _____
3 _____
4 _____
5 _____

Gibt es Aktivitäten, die Sie vermeiden, weil sie mit einer gewissen Wahrscheinlichkeit körperliche Reaktionen hervorbringen, die den oben genannten Empfindungen ähneln? Viele Menschen mit Panikstörung gehen aus diesem Grund nicht mehr zum Sport und vermeiden auch sonst möglichst alle körperlichen Anstrengungen. Ja, selbst zum Schwimmen mögen viele nicht mehr gehen, weil es zu vorübergehender Kurzatmigkeit führen kann. Leider wirkt sich der Bewegungsmangel auf Dauer jedoch negativ auf die körperliche Fitness aus und macht anfälliger für Stress.

Außer körperlichen werden häufig auch emotionale «Anstrengungen» wie Konflikte mit Angehörigen, Freunden und Kollegen vermieden, weil sie mit Anzeichen emotionaler Erregung (z. B. Erröten, flachem Atem, trockner Kehle) verbunden sein können. Auch diese Anzeichen erinnern an die körperlichen Empfindungen während einer Panikattacke, und da sie diese auf keinen Fall erleben wollen, neigen Menschen mit Panikstörung dazu, sich für den vermeintlich einfacheren Weg zu entscheiden und im Konfliktfall «um des lieben Friedens willen» vorschnell nachzugeben oder einzulenken. Ein allzu nachgiebiges Verhalten kann jedoch zur Gewohnheit werden und immer dann, wenn es wirklich einmal darauf ankommt, für die eigenen Belange einzutreten, zu weiteren Problemen führen.

Um diese Mechanismen aufzubrechen, ist es wichtig, sich alle Aktivitäten oder Situationen, die Sie vermeiden, um keine panikähnlichen Empfindungen erleben zu müssen, bewusst zu machen. Tragen Sie deshalb in die nachfolgenden leeren Zeilen alle Aktivitäten oder Situationen ein, denen Sie aus diesem Grund aus dem Weg gehen:

	Aktivität/Situation	Körperliche Empfindungen
1		
2		
3		
4		
5		

Auf «normale» körperliche Empfindungen ohne Angst reagieren

Zwei Methoden sollen Ihnen helfen, die Angst vor «normalen» körperlichen Empfindungen zu überwinden. Üben Sie beide Methoden regelmäßig, und Sie werden bald feststellen, dass Sie diese Empfindungen ohne Angst tolerieren können.

Schritt 5: Sensibilität für körperliche Empfindungen vermindern

Desensibilisierung

Die erste Methode besteht darin, sich willentlich normalen Anzeichen der körperlichen Erregung auszusetzen und gleichzeitig den Angstpegel zu senken. Wurden dieselben Anzeichen mehrfach ohne negative Wirkung erlebt, wird die Angst ganz von alleine schwinden. Im Rahmen von Schritt 3 haben wir eine Atemtechnik vorgestellt, die darauf abzielt, Angst- und Panikgefühle zu mindern. Die gleiche Technik können Sie verwenden, um die Angst vor bestimmten körperlichen Empfindungen zu überwinden.

Nehmen Sie sich Ihre Liste gefürchteter körperlicher Empfindungen noch einmal vor. Haben Sie eine Idee, wie Sie diese Empfindungen willentlich herbeiführen könnten? Nachfolgend finden Sie eine Liste bewährter Möglichkeiten:

Körperliche Empfindung	Willentlich herbeiführbar durch:
Schneller Puls	Körperliche Anstrengungen wie schnelles Gehen, langsames Joggen, Treppen steigen, gymnastische Übungen wie Push-ups oder Sit-ups
Schwitzen	Körperliche Aktivitäten (siehe oben), bei heißem Wetter nach draußen gehen, in die Sauna gehen, ein heißes Bad nehmen, zu warme Kleidung tragen
Zittern oder Muskelschwäche	Eine Faust machen und fest drücken, die Spannung einige Minuten halten und plötzlich loslassen
Kurzatmigkeit, Keuchen	Schnelles Gehen, langsames Joggen, zügiges Schwimmen
Benommenheit	Schnelles Drehen mit offenen Augen oder langsames Drehen auf einem Drehstuhl

Nehmen Sie sich eine Empfindung nach der anderen vor, führen Sie die Empfindung willentlich herbei und setzen Sie dann das in Schritt 3 beschriebene langsame Atmen ein. Während Sie für Sie unangenehme körperliche Empfindungen wie Schwitzen, Benommenheit oder Muskelschwäche haben, arbeiten Sie so ganz bewusst an der Minderung Ihrer Angst. Bei Empfindungen wie raschem Puls und Kurzatmigkeit wenden Sie am besten die im nächsten Abschnitt beschriebene Technik an. Solange Sie diese Technik noch nicht beherrschen, können Sie aber auch die in Schritt 2 beschriebene Technik der «Progressiven Muskelentspannung» anwenden.

Überlegen Sie, wie Sie Ihr Übungsprogramm am besten in Ihren Tagesablauf einbauen können. Ein zügiger Spaziergang in einem Park, von dem

Sie wissen, dass es dort in regelmäßigen Abständen Bänke gibt, ist sehr gut zum Üben geeignet. Steigern Sie von Tag zu Tag allmählich Ihr Tempo, bis Sie schwitzen, schneller atmen und einen rascheren Puls spüren. Setzen Sie sich dann auf eine Bank und wenden Sie die Kurzversion der «Progressiven Muskelentspannung» an. Spüren Sie, wie auch die körperliche Erregung allmählich nachlässt, während Sie sich ausruhen und entspannen.

Katastrophendenken hinterfragen

In Schritt 4 haben Sie gelernt, negative Denkstile zu hinterfragen und zu verändern. Wenden Sie die gleichen Prinzipien nun auf Ihre Ängste vor bestimmten körperlichen Empfindungen an.
Was denken Sie, wenn Sie diese körperlichen Regungen verspüren? **Abbildung 10** führt einige Beispiele auf. Nutzen Sie die freien Zeilen, um Ihre eigenen Gedanken aufzuschreiben.

	Körperliche Empfindung	Ängstlicher Gedanke
1	Herzklopfen	«Ich habe einen Herzinfarkt.»
2	Benommenheit	«Ich drehe durch.» «Ich werde ohnmächtig.»
3		
4		
5		

Abbildung 10: Beispiele für Katastrophendenken

In Schritt 4 haben wir gesehen, wie man negative Gedanken hinterfragen kann, indem man die Beweislage anzweifelt, Alternativen erwägt und andere zu deren Wahrnehmung der Situation befragt. Setzen Sie jetzt diese Techniken auch dazu ein, Ihre Ängste vor bestimmten körperlichen Empfindungen anzugehen. Mit welchen Argumenten könnten Sie die Glaubwürdigkeit dieser Ängste untergraben? Wie könnten Sie die fraglichen körperlichen Empfindungen realistischer interpretieren? Und wie könnten Sie die negativen Denkstile durch rationalere, ermutigendere Gedanken ersetzen? Versuchen Sie, solche positiven Gedanken immer häufiger in Situationen einzubringen, in denen Sie bisher zu negativen Interpretationen Ihrer körperlichen Empfindungen neigten. Nutzen Sie

Schritt 5: Sensibilität für körperliche Empfindungen vermindern 123

Körperliche Empfindung	Ängstlicher Gedanke	Kritische Gedanken	Positiver Gedanke
Schwitzen	«Ich bekomme gleich eine Panikattacke.»	«Es ist heiß heute. Kein Wunder, dass ich schwitze. Es liegt an der Hitze. Ich werde die Jacke ausziehen.»	«Das ist keine Panikattacke. Das Schwitzen wird nachlassen, sobald ich mich abkühle. Ich werde schon damit fertig werden.»

Abbildung 11: Katastrophendenken hinterfragen und überwinden

die Tabelle in **Abbildung 11**, um Ihre negativen Gedanken zu hinterfragen und in positive zu verändern. Lassen Sie sich dabei von dem angeführten Beispiel leiten.

Wenn Sie beide Techniken regelmäßig üben, wird es Ihnen mit der Zeit immer leichter fallen, negative Gedanken zu hinterfragen. Setzen Sie sie immer dann ein, wenn Sie das Gefühl haben, dass Ihre Angst durch körperliche Regungen ausgelöst wird. Vielleicht müssen Sie diese Regungen zu Übungszwecken häufiger willentlich herbeiführen, bis Sie die für Sie richtige Kombination aus Atem- und Entspannungstechnik sowie gedanklicher Arbeit gefunden haben. Probieren Sie aus, wie Sie sich am besten einerseits an die fraglichen körperlichen Empfindungen gewöhnen und andererseits die für Sie nützlichsten Angst mindernden Techniken einsetzen können. «Souffleur»-Karten (siehe Schritt 4) werden Ihnen helfen, sich an die Techniken zu erinnern, die Sie einsetzen können, wenn Sie auf körperliche Regungen überreagieren. Diese Karten können Sie stets bei sich tragen und zum Einsatz bringen, sobald Sie das Gefühl haben, in Angst und Panik abzugleiten.

Rückblick Schritt 5

In Schritt 5 haben wir gesehen, wie man Ängste vor normalen körperlichen Empfindungen abbauen kann. Wir haben zwei Techniken erklärt, die Ihnen helfen können, diese unnötigen Ängste zu überwinden.

Überprüfen Sie Ihre Fortschritte, indem Sie sich die folgenden Fragen stellen:

- Haben Sie eine Liste der körperlichen Empfindungen erstellt, die Ihren Paniksymptomen ähneln?
- Mit Hilfe welcher Methoden können Sie diese Empfindungen willentlich herbeiführen?
- Welche negativen Gedanken sind mit diesen Empfindungen verbunden?
- Können Sie diese negativen Gedanken hinterfragen?
- Haben Sie eine Liste positiver, hilfreicher Gedanken erstellt, mit denen Sie die negativen Gedanken ersetzen können?
- Welche anderen Techniken können Sie einsetzen, um die durch die Fehldeutung körperlicher Regungen entstehende Angst zu bekämpfen?
- Haben Sie sich «Souffleur»-Karten geschrieben, die Sie einsetzen können, sobald Sie auf körperliche Empfindungen ängstlich zu reagieren beginnen?
- Setzen Sie diese Karten regelmäßig ein?

Wenn Sie all diese Fragen mit ja beantworten können, dürfen Sie zu Schritt 6 übergehen. Schritt 6 befasst sich mit der Überwindung von Angst und Agoraphobie in schwierigen Situationen.

Schritt 6
Das bisher Gelernte in die Praxis umsetzen: Agoraphobie überwinden und Problembereiche aktiv angehen

Inzwischen kennen und beherrschen Sie eine Reihe von Techniken zur gezielten Bekämpfung Ihrer Angstsymptome. Diese Tatsache wird Ihnen helfen, nach und nach zu all den Aktivitäten zurückzukehren, aus denen Sie sich in letzter Zeit eher zurückgezogen haben. Wie wir gesehen haben, kann die Vermeidung Angst machender Situationen zu echten Einschränkungen beim Lebensradius führen. Hat jemand z. B. Angst vor dem Autofahren, kann es soweit kommen, dass er wichtige Freundschaften nicht mehr pflegen, sich auf bestimmte Arbeitsstellen nicht mehr bewerben, ja, möglicherweise nicht einmal mehr eigenständig einkaufen fahren kann. Auf diese Weise kann die Angst vor dem Autofahren gravierende Verschlechterungen der Lebensqualität nach sich ziehen: der Kontakt zum Freundeskreis kann sich nicht frei entfalten, die Abhängigkeit von der Hilfe anderer kann in den Beziehungen zu anderen zu einer problematischen Schieflage führen, und wenn es um den Bereich der Arbeit geht, kann es zu empfindlichen finanziellen Einbußen kommen. Kurzfristig können Vermeidung und Rückzug Erleichterung bringen und die Angst mindern, langfristig sind sie jedoch fast immer mit Schwierigkeiten und negativen Auswirkungen auf die Lebensqualität verbunden. Zum Glück gibt es – wie Sie während der Arbeit mit unserem Selbsthilfeprogramm bereits gelernt haben – jedoch Alternativen zum Vermeidungsverhalten.

Die Prinzipien der «systematischen Desensibilisierung»

Wie in Teil I (Kapitel 4) bereits angesprochen, stellt die «systematische Desensibilisierung» eine effektive Technik zur Überwindung von Ängsten und Phobien in nicht wirklich gefährlichen Situationen dar. Indem man sich der gefürchteten Situation bewusst Schritt für Schritt aussetzt und dabei all seine Angst mindernden Techniken einsetzt, entkoppelt man die «Kampf-oder-Flucht»-Reaktion von der Angst machenden Situation.

Mehrere Prinzipien sollte man dabei unbedingt im Auge behalten:

1. Zuallererst sollte man eine Liste aller gefürchteten Orte und Situationen anlegen und diese nach dem Schweregrad der von ihnen ausgelösten Angst ordnen.

2. Bei der systematischen Arbeit mit dieser Liste beginnt man grundsätzlich immer mit der am wenigsten Angst auslösenden Situation. Als äußerst hilfreich hat es sich erwiesen, jede Aufgabe in eine Reihe kleinerer Aufgaben aufzuteilen, so dass man die Angst Schritt für Schritt überwinden kann. Man wiederholt den ersten Schritt so lange, bis der Angstpegel auf ein erträgliches Maß gefallen ist, und geht erst dann zum nächsten Schritt über. Am besten ist es auch, wenn man stets so lange an einem Angst machenden Ort verharrt, bis die Angst deutlich nachgelassen hat, wenn man also nicht überstürzt flüchtet, sondern für einen «geordneten Rückzug» sorgt.

3. Bei der Arbeit mit der Liste sollte man nicht zu rasch voranschreiten. Es ist wichtig, das individuell richtige Tempo zu finden, so dass man – wo auch immer man auf der Liste gerade angekommen ist – die Angst immer als nur mäßig und daher bewältigbar empfindet. Es ist besser, langsam und stetig voranzuschreiten, als sich mit allzu großen Schritten zu überfordern und sich dann von Rückschlägen entmutigt zu fühlen.

4. Die bereits erlernten Techniken können eingesetzt werden, um die Desensibilisierung zu unterstützen. Da nicht jede Technik für alle Situationen geeignet ist, ist es wichtig, im Voraus zu planen und zu überlegen, welche Technik in welcher Situation wahrscheinlich am besten ist.

5. Anfangs kann die Unterstützung durch eine Vertrauensperson sehr hilfreich sein. Wichtig ist aber, dass diese Person versteht, welchen Zweck man mit den Übungen verfolgt, und dass sie bereit ist, sich nach und

nach zurückzuziehen, damit man im Umgang mit zuvor gefürchteten Situationen volle Unabhängigkeit erlangt. Beide Seiten müssen dies akzeptieren und offen darüber sprechen, denn es kann z. B. sein, dass die Vertrauensperson schnellere Fortschritte erwartet und ungeduldig wird, oder dass man in die Versuchung gerät, zu lange an der von der Vertrauensperson gebotenen Sicherheit festzuhalten.

6. Das wichtigste Prinzip besteht darin, tatsächlich *systematisch* vorzugehen. Dazu gehört, den Übungen im Tagesablauf einen wichtigen Platz einzuräumen, die Aufgaben schrittweise anzugehen, regelmäßig zu üben und bei möglichen Rückschlägen nur kurz innezuhalten und das Programm unbeirrt wieder aufzunehmen. Werden die Techniken z. B. willkürlich und planlos eingesetzt oder entstehen längere, über mehrere Tage sich hinziehende Übungspausen, wird der Fortschritt sehr viel langsamer eintreten. Wochenpläne und –protokolle können helfen, den eigenen Fortschritt zu überwachen. Im Rahmen eines solchen Überblicks lässt sich auch besser erkennen, dass kleinere Rückschläge nicht unbedingt bedeuten, dass man nicht doch insgesamt vorangekommen ist.

Rangliste Angst machender Situationen

Eine Rangliste der Angst machenden Situationen ist der Ausgangspunkt zur Überwindung von Ängsten und Panikgefühlen. Wie wir in Schritt 1 bereits gesehen haben, sieht man mit Hilfe einer solchen Liste klarer, welche Arten von Situationen im Einzelfall mit Angst verbunden sein können. Denken Sie daran, dass es sich um Ihre ganz persönliche Liste handelt. Was Ihnen schwierig erscheint, kann für andere unproblematisch sein – und umgekehrt! Die Liste Angst machender Situationen kann Ihnen auch helfen, sich darauf zu konzentrieren, wann und wie Sie Ihre neu erlernten Fähigkeiten zur Angstbewältigung einsetzen können. Denken Sie daran, Ihre Techniken immer erst in «leichteren» oder «weniger stressreichen» Situationen auszuprobieren. Führen Sie deshalb in der nachfolgenden Tabelle alle Situationen auf, die für Sie mit Angst und Stress verbunden sind, und schätzen Sie dabei auch gleich mit Hilfe einer Skala von 0 bis 10 (0 = keine Angst, 10 = starke Angst) den Grad der mit der jeweiligen Situation verbundenen Ängste ein. Situationen, die auf der Liste stehen könnten, wären z. B.:

– Allein zu Hause sein

- Die Straße hinuntergehen
- Im Supermarkt einkaufen
- Bei starkem Verkehr über eine Brücke fahren
- Den Kindern sagen, sie sollen ihr Zimmer aufräumen

Nutzen Sie die Tabelle, um Ihren Fortschritt zu überwachen, indem Sie den «Angstpegel» in den einzelnen Situationen senken.

Ein Beispiel für systematische Desensibilisierung: Mit dem Bus fahren

Menschen mit Agoraphobie haben oft Probleme damit, mit einem Bus zu fahren, obgleich dies früher für sie ganz leicht und selbstverständlich war. An diesem Beispiel wollen wir zeigen, wie die systematische Desensibilisierung vonstatten gehen kann. Haben Sie die Situation «Mit dem Bus fahren» auf Ihrer Liste im Hinblick auf die damit verbundene Angst mit 4–5 eingeschätzt, ist die Aufgabe nicht zu schwierig, um damit zu beginnen. Teilen Sie die Aufgabe zunächst in drei Einzelaufgaben auf: 1. zur Bushaltestelle gehen, 2. mit dem Bus bis zur nächsten Haltestelle fahren, 3. mit dem Bus über die Brücke zum Einkaufszentrum fahren. Beginnen Sie mit der ersten Einzelaufgabe und üben Sie diese mehrere Tage lang mit Hilfe einer Vertrauensperson. Lassen Sie sich z. B. am ersten Tag von Ihrer Vertrauensperson zur Bushaltestelle begleiten und setzen Sie sich gemeinsam so lange ins Wartehäuschen, bis sich die Angst deutlich verringert hat (bringen Sie dabei z. B. die in Schritt 2 beschriebene Kurzversion der Progressiven Muskelentspannung zur Anwendung), und kehren Sie dann gemeinsam wieder heim. Am nächsten Tag können Sie die gleiche Übung wiederholen und darauf achten, ob und wie Ihre Angst sich schon verringert hat. Am folgenden Tag könnte die Vertrauensperson zehn Meter hinter Ihnen gehen und sich erst an der Bushaltestelle zu Ihnen gesellen. Vergrößern Sie an weiteren Tagen den Abstand und verzichten Sie auch auf das Treffen an der Haltestelle, bis Sie schließlich ganz allein zur Bushaltestelle und wieder zurückgehen können. Wenden Sie dann das gleiche Verfahren auf die Fahrt von einer Bushaltestelle zur nächsten an: Lassen Sie sich anfangs von Ihrer Vertrauensperson begleiten, nehmen Sie dann im Bus ein paar Reihen vor ihr Platz, und lassen Sie sich beim nächsten Mal bis zum Bus bringen und an der nächsten Haltestelle wieder abholen. So lernen Sie schrittweise, allein mit dem Bus zu fahren und schließlich sogar mit dem Bus bis zum Einkaufszentrum und wieder zurück zu kommen. Die gleiche Methode lässt sich natürlich ebenso gut anwenden, wenn es darum geht, mit dem Auto oder dem Zug zu fahren oder zum Einkaufen in einen Supermarkt bzw. zum Essen in ein Restaurant zu gehen.

Vergessen Sie nicht: Mit der eigenen Angst umgehen zu lernen und sie schließlich zu überwinden ist ein langwieriger Prozess und erfordert Übung. Beginnen Sie damit, Ihre Angst mindernden Techniken zunächst in weniger schwierigen Situationen zu üben. Sobald Sie das Gefühl haben, sie sicher zu beherrschen, können Sie sie dann auch in schwierigeren Situationen anwenden.

Techniken zur Angstminderung einsetzen

In den folgenden Abschnitten wollen wir erklären, wie sich verschiedene Techniken so kombinieren lassen, dass man auch vielschichtige Angstsituationen gut bewältigen kann. Denken Sie daran: Es gibt kein allgemeingültiges Übungsprogramm, das für alle Menschen passt, jeder muss sein eigenes Tempo finden. Sie müssen selbst herausfinden, welche Kombination der in diesem Buch vorgestellten Techniken für Sie am hilfreichsten ist, und dann schauen, bei welchem Tempo Sie sich am wohlsten fühlen.

Häufig eignet sich eine Kombination von Techniken, die sowohl den körperlichen als auch den psychischen Zustand positiv beeinflussen, am besten zur Überwindung von Stress und Angst. In Schritt 2 erklärten wir, wie Sie durch regelmäßige Bewegung, gute Ernährung und ausreichenden Schlaf zu Ihrem eigenen körperlichen Wohlbefinden beitragen können. Außerdem haben wir die Progressive Muskelentspannung als wirksame Methode zur Bekämpfung körperlicher Anspannung vorgestellt. In Schritt 3 kamen verschiedene Techniken zur Eindämmung von Paniksymptomen wie langsames Atmen und Ablenkungsstrategien zur Sprache. Schritt 4 führte vor, wie man negative Denkstile, die zu Angstsymptomen und einem Verlust des Selbstvertrauens führen können, durch positivere Gedanken ersetzen kann. All diese Techniken können jetzt einzeln oder in Kombination zur Anwendung kommen, während Sie Ihren Aktionsradius im Sinne der systematischen Desensibilisierung langsam und vorsichtig immer mehr erweitern.

Liste Angst machender Situationen

Situation	Bewertung (0 bis 10) (0 = keine Angst, 10 = stärkste Angst)	Veränderung bei der Bewertung	
		Woche 1	Woche 2
1			
2			
3			
4			
5			
6			
7			
8			
9			
10			

An zwei Beispielen wollen wir in den nächsten beiden Abschnitte erklären, wie die erlernten Techniken kombiniert werden können. Wir haben zwei Situationen ausgewählt, die die meisten Menschen mit Panikattacken als schwierig empfinden, nämlich das Einkaufen im Supermarkt und den Besuch beim Zahnarzt.

Im Supermarkt

Stellen wir uns vor, den Angstpegel für das Einkaufen im Supermarkt hätten Sie auf Ihrer Liste Angst machender Situationen mit 6 angegeben. Vielleicht machen Sie eine kurze Übung zur Muskelentspannung, ehe Sie das Haus verlassen. Auf dem Parkplatz vor dem Supermarkt können Sie dann bewusst Ihre Atemfrequenz verlangsamen, um möglichst entspannt in die gefürchtete Situation hineinzugehen. Zusätzlich können Sie die mit dem Einkaufen verbundenen negativen Gedanken hinterfragen. Einfacher wird dies, wenn Sie schon zu Hause aufschreiben, welche negativen Gedanken Sie mit dem Supermarkt verbinden, z. B.:

«Ich werde eine schreckliche Panikattacke bekommen und die Beherrschung verlieren.»

«Ich werde so ängstlich aussehen, dass die anderen Leute mich für verrückt halten.»

Diese negativen Gedanken lassen sich auf verschiedene Weise hinterfragen, z. B.:

«Ich habe längst nicht bei jedem Besuch im Supermarkt eine Panikattacke bekommen. Selbst wenn mir heute ängstlich zumute sein sollte, weiß ich inzwischen, wie ich meine Symptome in den Griff bekommen kann.»

«Ich habe noch nie die Beherrschung verloren oder angefangen zu schreien, wenn ich im Supermarkt war, und es ist ziemlich unwahrscheinlich, dass dies ausgerechnet heute passieren wird.»

«Selbst wenn ich ängstlich aussehen sollte, ist es eher unwahrscheinlich, dass die anderen Leute mich groß beachten werden. Schon gar nicht werden sie automatisch denken, dass ich verrückt bin. Im Supermarkt gibt es viele Leute, die einen gestressten Eindruck machen.»

Versuchen Sie dann, positive und ermutigende Gedanken an die Stelle der alten, negativen Denkmuster zu setzen:

«Ich werde das schaffen.»

«Ich weiß inzwischen, wie ich meine Angst in den Griff bekommen kann.»

«Es wird bald vorbei sein.»

Wenn Sie «Souffleur»-Karten vorbereitet haben, um sich daran zu erinnern, wie Sie Ihre negativen Gedanken hinterfragen können, werfen Sie noch einen kurz Blick darauf, ehe Sie in den Supermarkt gehen. Achten Sie darauf, langsam und gleichmäßig zu atmen. Hetzen Sie nicht hektisch durch den Supermarkt, sondern gehen Sie den Einkauf ruhig und langsam an. Wenn Sie Angst verspüren, bleiben Sie stehen und konzentrieren Sie sich darauf, Ihre Atemfrequenz zu verlangsamen. Zücken Sie Ihre «Souffleur»-Karten und rufen Sie sich die Argumente gegen Ihre negativen Gedanken ins Gedächtnis. Setzen Sie beim Warten an der Kasse verschiedene Ablenkungsstrategien wie Zählen oder Visualisieren ein. Und wenn Sie schließlich Ihren Einkauf im Supermarkt abgeschlossen haben, loben und belohnen Sie sich dafür, die Situation gemeistert zu haben.

Beim Zahnarzt

Eine weitere, häufig gefürchtete Situation ist der Besuch bei der Zahnärztin oder beim Zahnarzt – eine Aufgabe, deren Angstpegel Sie vielleicht mit 6 angegeben haben. Sie können z. B. damit beginnen, sich auf die Situation vorzubereiten, indem Sie dafür sorgen, dass Sie möglichst ausgeschlafen zum Termin gehen. Ehe Sie das Haus verlassen, könnten Sie die Progressive Muskelentspannung anwenden. Gehen Sie so rechtzeitig los, dass Sie pünktlich in der Praxis ankommen, ohne sich abhetzen zu müssen.

Wie beim Einkaufen im Supermarkt sollten Sie schon im Vorfeld Ihre negativen Gedanken unter die Lupe nehmen. Halten Sie sie auf jeden Fall schriftlich fest. Ihre Liste könnte z. B. so aussehen:

«Ich werde bei der Untersuchung anfangen zu schreien oder die Beherrschung verlieren.»

«Meine Panik wird so groß sein, dass ich ohnmächtig werde und der Zahnarzt mich für verrückt hält.»

Der erste Schritt zur Veränderung dieser negativen Gedanken besteht, wie wir inzwischen wissen, darin, sie kritisch zu hinterfragen, z. B.:

«Ich habe beim Zahnarzt noch nie geschrien oder die Beherrschung verloren, und es ist ziemlich unwahrscheinlich, dass dies ausgerechnet heute passieren wird.»

«Ich bin noch nie in der Zahnarztpraxis ohnmächtig geworden, und es ist ziemlich unwahrscheinlich, dass ich ausgerechnet heute ohnmächtig werde. Wenn ich mich schwach fühle, kann ich es dem Zahnarzt sagen, und er wird bestimmt darauf eingehen und eine kleine Pause machen, damit ich mich etwas erholen kann.»

«Der Zahnarzt sieht täglich Patientinnen und Patienten, die Angst haben. Dass er mich für verrückt hält, ist ziemlich unwahrscheinlich.»

Der letzte Schritt besteht darin, positive Gedanken aufzulisten, die Ihnen helfen können, Ihre Angst vor dem Zahnarztbesuch in Schach zu halten:

«Auch wenn so ein Zahnarztbesuch für mich sehr unangenehm ist – in einer halben Stunde ist alles vorüber. Das werde ich schon aushalten.»

«Ich kenne mehrere Techniken, mit denen ich meine Angstsymptome bekämpfen kann.»

«Ich kann den Zahnarztbesuch meistern. Ich bin gut darauf vorbereitet.»

Während Sie im Wartezimmer sitzen, können Sie Ihren Körper durchgehen, um mögliche Muskelverspannungen aufzuspüren. Wo ist Ihr Körper steif oder besonders angespannt? Setzen Sie Ihre Technik zur Muskelentspannung ein und konzentrieren Sie sich dabei auf die besonders verspannten Bereiche. Sagen Sie sich in Gedanken bei jedem Ausatmen: «ENT-SPANNNEN.» Fahren Sie damit fort, bis Sie spüren, wie die Muskelspannung nachlässt. Konzentrieren Sie sich auf Ihren Atem, atmen Sie langsam und gleichmäßig. Wenn Sie Angst verspüren, setzen Sie Ihre Atemübung ein, damit Sie möglichst ruhig und entspannt ins Behandlungszimmer gehen.

Sagen Sie dem Zahnarzt oder der Zahnärztin ruhig von vornherein, dass Sie Angst haben und zwischen den einzelnen Untersuchungs- oder Behandlungsschritten möglicherweise etwas Zeit brauchen, um Ihr inneres Gleichgewicht wieder zu finden. Bitten Sie ihn außerdem, Ihnen genau zu erklären, was er macht und wie lange es dauern wird. Die meisten Zahnärztinnen und Zahnärzte sind gern bereit, sich auf ein Signal (z. B. Heben der Hand) zu einigen, mit dem Sie zu verstehen geben können, dass Sie eine Pause brauchen.

Wenn Sie die Praxis verlassen haben, loben und belohnen Sie sich dafür, Ihre Angst so gut bewältigt zu haben.

Problembereiche aktiv angehen

Es gibt Situationen, die bei vielen Menschen mit Panikstörung akute Probleme auslösen. Hinzu kommen individuelle Ängste, die bei jedem unterschiedlich sein können. Einige davon, wie Probleme bei der Arbeit, in der Familie oder in einer Beziehung, treten klar zu Tage, andere sind vielschichtiger und haben ihre Wurzeln in früheren Erfahrungen. Solche tiefer liegenden Probleme zu klären überschreitet die Möglichkeiten dieses Buches. Wenn Sie das Gefühl haben, in diesem Bereich Hilfe zu brauchen, sind Sie gut beraten, therapeutische Hilfe in Anspruch zu nehmen.

Wir alle müssen täglich mit diversen Problemen fertig werden. Wie wir dies tun, ist von Person zu Person und von Situation zu Situation unterschiedlich, es gibt keine «beste», allgemein gültige Problemlösungsstrategie. Dennoch lässt sich feststellen, dass einige Arten der Problemlösung – vor allem langfristig gesehen – vorteilhafter sind als andere.

Der Versuch, Probleme zu ignorieren und einfach «auszusitzen», kann zu Gefühlen der Hilflosigkeit und Frustration führen und schließlich eine Verschlechterung der Paniksymptome mit sich bringen. Einige sehr verbreitete, aber wenig hilfreiche Arten der «Problembewältigung» sind:

- Probleme ignorieren und darauf hoffen, dass sie von allein wieder verschwinden oder sich auf magische Weise «von selbst auflösen»

- Sich darauf verlassen, dass jemand anders eine Lösung präsentieren wird

- Ständig darüber nachgrübeln, was das Problem verursacht hat, anstatt über mögliche Lösungen nachzudenken

- Hoffen, das Schicksal werde die Dinge schon regeln

- Sich weigern, sich mit dem Problem zu befassen, weil es als zu belastend empfunden wird

Wenn Sie öfter zu einer dieser «Methoden» Zuflucht nehmen, kann es sein, dass Sie sich damit selbst – auf lange Sicht gesehen – mehr Stress schaffen als nötig.

Besser ist es zu versuchen, Probleme ganz gezielt zu lösen. Auch dafür gibt es eine leicht zu erlernende schrittweise Strategie:

Schritt 1: Das Problem definieren

Versuchen Sie als erstes zu definieren, worin das Problem besteht. Seien Sie dabei so genau wie möglich. Es wird dadurch leichter, über mögliche Lösungen nachzudenken, z. B.:
> Wenn ich mit meiner Tochter darüber streite, dass sie so viel telefoniert, werde ich immer ganz ängstlich und aufgeregt.

Schritt 2: Lösungen finden und bewerten

Haben Sie erst einmal herausgefunden, worin das Problem genau besteht, schreiben Sie so viele Lösungsmöglichkeiten auf, wie Ihnen einfallen. Lassen Sie Ihrer Fantasie freien Lauf und denken Sie jetzt noch nicht darüber nach, welche dieser Lösungen machbar oder unangemessen wären.

Erst wenn Sie mit Ihrer Liste fertig sind, bewerten Sie jeden Lösungsvorschlag auf einer Skala von −10 bis +10, wobei −10 für eine «sehr schlechte Lösung» und +10 für eine «extrem gute Lösung» steht; der mittlere Wert 0 bezeichnet eine Lösung, bei der die Vor- und Nachteile in etwa gleich verteilt sind, z. B.:

1. Aus dem Haus gehen, sobald meine Tochter zu telefonieren anfängt −9
2. Das Telefon abstellen −5
3. Sie dazu bringen, dass sie ihre Telefonkosten selbst bezahlt, wenn sie einen bestimmten vereinbarten Betrag übersteigen +7
4. Überlegen, welche negativen Gedanken zu meiner Aufregung und Angst beitragen könnten +4

Schritt 3: Die beste Lösung suchen

Gehen Sie nun Ihre Liste noch einmal durch und überlegen Sie, welche der Lösungen für Ihr Problem die beste ist. Natürlich können Sie auch zu dem Schluss kommen, dass es mehr als eine Lösung gibt oder dass eine Kombination von Lösungen am besten funktionieren würde. Schreiben Sie auf, für welche Lösung/en Sie sich entschieden haben.

1. Eine detaillierte Telefonrechnung anfordern und meine Tochter für die eigenen Anrufe bezahlen lassen

2. Meine Einstellung zu ihrer Telefoniererei ergründen und alle irrationalen Gedanken, die unnötig Ärger schaffen, kritisch hinterfragen

Schritt 4: Die gefundene Lösung in die Tat umsetzen

Überlegen Sie nun, wie Sie Ihre Lösung umsetzen wollen. Welches wäre der beste Zeitpunkt? Der beste Ort? Fassen Sie einen festen Entschluss mit einem konkreten Zeitplan, an den Sie sich dann auch halten.

«Ich warte bis zum Wochenende, wenn wir beide nicht so im Stress sind, gehe dann zu meiner Tochter in ihr Zimmer und spreche mit ihr über das Problem und meine Lösungsvorschläge.»

Schritt 5: Erfolg einschätzen

Nachdem Sie nun eine bestimmte Lösung (oder eine Kombination von Lösungen) ausprobiert haben, ist es wichtig, deren Erfolg im Rückblick einzuschätzen. Wie gut ist es Ihnen gelungen, mit den anderen Beteiligten über die Lösung zu reden? War sie wirksam? Falls nicht, wie können Sie sie verändern? Schätzen Sie Umsetzbarkeit und Wirksamkeit auf zwei einfachen Skalen ein:

Eine aktive Problemlösungsstrategie kann dazu beitragen, dass kleinere Probleme nicht zu größeren Stressquellen werden, die Ihre Paniksymptome verschlimmern können. Versuchen Sie, diese Übung auf alle wichtigen Probleme anzuwenden, die Sie im täglichen Leben belasten.

Rückblick Schritt 6

In diesem Kapitel haben wir Kombinationen von Techniken vorgestellt, die in verschiedenen Situationen hilfreich sein können, z. B. Entspannungs- und Atemübungen im Wartezimmer der Zahnarztpraxis, kritisches Hinterfragen negativer Gedanken und langsames Atmen im Supermarkt. Ihre Aufgabe ist es nun herauszufinden, welche Kombinationen für Sie die wirksamsten sind.

Wir haben auch gesehen, dass man sich gut auf eine Situation vorbereiten kann, indem man bereits vorher all die negativen Gedanken in Frage stellt, die in der Situation aufkommen könnten. Hilfreich ist auch, sich die Situation möglichst genau vorzustellen und dabei alle Bewältigungsstrategien zur Bekämpfung von Angstsymptomen einzusetzen, die einem zur Verfügung stehen. Auf diese Weise kann man die Situation Schritt für Schritt durchspielen und im Vorhinein planen, welche Strategien man zu welchem Zeitpunkt einsetzen will. Wenn Sie erfolgreich geübt haben, die Situation in Gedanken zu bewältigen, wird es Ihnen im «echten Leben» umso besser gelingen.

– Vergessen Sie nicht, sich zu belohnen, wenn es Ihnen gelungen ist, eine schwierige Situation zu meistern und Ihre Angst gezielt zu mindern. Nehmen Sie sich noch einmal Ihre ursprüngliche Liste vor und schauen Sie, in welchem Maße sich Ihre Ängste verringert haben. Je mehr unterschiedliche Situationen Sie mit Hilfe der beschriebenen Strategien angehen, desto stärker sinkt Ihre allgemeine Ängstlichkeit.

– Denken Sie aber immer daran, Ihre Liste Angst machender Situationen betont langsam abzuarbeiten. Gehen Sie erst zu schwierigeren Punkten über, wenn Sie das Gefühl haben, leichtere Aufgaben sicher meistern zu können. Üben Sie regelmäßig alle Bewältigungsstrategien, damit Sie im Bedarfsfall jederzeit darauf zurückgreifen können und nicht aus der Übung kommen. Verwenden Sie die oben beschriebene aktive Problemlösungsstrategie zur Bekämpfung alltäglicher Stressquellen.

– Denken Sie immer daran, dass die Bewältigung von Stress und Angst Zeit und Übung erfordert. Lassen Sie sich nicht entmutigen, wenn Ihr Angstpegel einmal hoch bleibt, obwohl Sie alle Techniken fleißig geübt haben. Seien Sie geduldig und versuchen Sie, aus allen Erfahrungen zu lernen, auch wenn diese einmal nicht so ausfallen, wie Sie es sich gewünscht haben. Eines ist sicher: Es ist praktisch unmöglich, weiter ängstlich zu bleiben, wenn Sie sich wiederholt in eine Situation begeben, die an sich nicht gefährlich ist.

Rückfälle vermeiden

Das in Teil II beschriebene sechsstufige Programm beschreibt verschiedene Möglichkeiten, Stress zu bekämpfen und Panikattacken zu überwinden. Durch regelmäßiges Üben gehen die Techniken zunehmend einfacher von der Hand. Dennoch kann es trotz aller Bemühungen gelegentlich so erscheinen, als träte man auf der Stelle oder mache gar Rückschritte, anstatt sich kontinuierlich zu verbessern. Die Versuchung, sich von solchen Rückschlägen demoralisieren zu lassen, ist groß, vor allem, wenn sie auftreten, nachdem man eine ganze Weile nur Fortschritte gemacht hat und schon glaubt, seine Schwierigkeiten ein für allemal hinter sich gelassen zu haben. Der letzte Abschnitt des Buches beschäftigt sich daher mit der Frage, wie man Rückfälle vermeiden kann – und wie man sie überwindet, wenn sie dann doch einmal aufgetreten sind.

Wie die «normale» Genesung verläuft

Wichtig ist, sich klar zu machen, dass die Genesung von Panikstörung und Agoraphobie in der Regel einen schwankenden Verlauf nimmt. Steckt man mittendrin, kann es gelegentlich sogar so wirken, als habe sich der Genesungsprozess festgefahren oder die Ängste hätten sich verschlim-

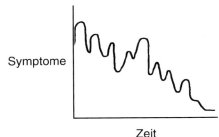

Abbildung 12: Normales Genesungsmuster bei Panikstörung und Agoraphobie

mert. Dieses Muster ist Teil des «normalen» Genesungsprozesses, der sich mit Hilfe einer Kurve darstellen lässt (siehe **Abb. 12**).

An dieser Kurve sieht man, dass sich die Symptome im Laufe der Zeit grundsätzlich bessern, es jedoch Tage oder gar Wochen geben kann, in denen sie erneut aufflackern – ebenso, wie es Zeiten gibt, in denen sie rapide abnehmen können. Wichtig ist, sich immer wieder vor Augen zu halten, dass es bei einem regelmäßigen Einsatz der empfohlenen Techniken trotz aller Schwankungen bei der Intensität und/oder Häufigkeit der Symptome langfristig zu einer deutlichen Verbesserung kommen wird, bis die Symptome schließlich nur noch in stark abgeschwächter Form vorhanden oder gar ganz verschwunden sind.

Was ist ein Rückfall?

Unter einem Rückfall versteht man ein Wiederauftreten der ursprünglichen Panikstörung. Mit anderen Worten: Die Symptome, von denen man glaubte, man habe sie bereits in den Griff bekommen oder gar ganz überwunden, treten wieder auf – und dafür können eine ganze Reihe von Gründen verantwortlich sein. Zunächst einmal ist es aber wichtig, einen solchen «Rückfall» von den normalen Schwankungen im Laufe des Genesungsprozesses zu unterscheiden – eines Prozesses, von dem wir ja wissen, dass er von Natur aus mit Hochs und Tiefs verbunden ist. Die Beantwortung der in **Abbildung 13** aufgeführten Fragen kann bei der Beurteilung helfen, ob es sich um einen echten Rückfall handelt. Wenn Sie eine oder mehrere dieser Fragen bejahen müssen, kann es sein, dass Sie sich tatsächlich in einem frühen Stadium eines Rückfalls befinden und daran gehen müssen, einer Verschlimmerung der Symptome systematisch vorzubeugen. In den folgen Abschnitten wollen wir erklären, wie Sie dabei vorgehen können.

	Ja	Nein
1. Haben Sie regelrechte Panikattacken?	☐	☐
2. Sind Ihre Symptome ebenso intensiv wie zu Beginn der Störung?	☐	☐
3. Beeinträchtigen die Symptome zunehmend Ihren Alltag?	☐	☐
4. Treten die Symptome ebenso häufig auf wie zu Beginn der Störung?	☐	☐

Abbildung 13: Checkliste bei Verdacht auf einen Rückfall

Wie kommt es zu Rückfällen?

In der Regel ist dafür eine Kombination von Faktoren verantwortlich. Das erneute Auftreten externer Stressfaktoren, Schwierigkeiten bei der Bewältigung dieser Probleme oder unzureichendes und unregelmäßiges Üben der Techniken zur Stressbewältigung können eine Rolle spielen. Wer einmal unter einer Panikstörung gelitten hat, kann aber auch nach seiner Genesung Probleme damit haben, normale Angstgefühle (z. B. vor einer Prüfung oder einem Auftritt in der Öffentlichkeit) als solche zu erkennen und nicht als Zeichen eines Rückfalls fehlzudeuten. Die allzu große Sorge um die mögliche Rückkehr der Paniksymptome kann erneute Panikattacken auslösen.

Mit größerer Wahrscheinlichkeit ist jedoch äußerer Stress für die Rückkehr von Paniksymptomen verantwortlich. Womöglich sind Sie momentan besonders stressanfällig, weil Sie zu wenig geschlafen, nicht genug gegessen oder sich stark erkältet haben. Auch geringe Selbstachtung und mangelndes Selbstvertrauen können die Anfälligkeit für Angstsymptome erhöhen. Vielleicht haben Sie aber auch zu früh damit aufgehört, Ihre Angst mindernden Techniken zu üben? Oder haben Sie ein ärztlich verschriebenes Medikament zu früh abgesetzt? Das plötzliche Absetzen eines Medikaments kann für Angstsymptome anfällig machen. Ein langsames Ausschleichen unter ärztlicher Beratung ist daher empfehlenswert. Aber auch immer dann, wenn Ihre Symptome sich von ihrem Wesen her verändert haben oder Sie nicht sicher sind, was Ihnen fehlt, sollten Sie sich auf jeden Fall noch einmal eingehend ärztlich oder psychotherapeutisch beraten lassen.

Rückfällen vorbeugen

Es gibt viele Strategien, die Sie einsetzen können, um einem Rückfall vorzubeugen. Reagieren Sie sofort, wenn Sie sich gestresst fühlen. Schauen Sie sich die Fragen in Abbildung 13 an. Wenn Sie eine oder mehrere Fragen mit ja beantworten müssen, gehen Sie zu den folgenden Fragen über. Diese Fragen sollen Ihnen helfen, den richtigen Weg einzuschlagen, um einen möglichen Rückfall gleich im Keim zu ersticken.

Gibt es in Ihrem Leben neue Stressfaktoren?

Lesen Sie die Erklärungen zu Schritt 1 des Selbsthilfeprogramms noch einmal durch, um Ihr Gedächtnis in punkto Angstsymptome und Stressquellen aufzufrischen. Versuchen Sie, alle Faktoren aufzulisten, die zu Ihren erneuten Angstsymptomen beigetragen haben könnten. Ähneln Sie den Faktoren, die Sie ursprünglich im Rahmen von Schritt 1 aufgeführt haben, oder sind neue Stressfaktoren hinzugekommen, gegen die Sie auf die beschriebene Weise vorgehen müssen?

Sind Sie zu schnell vorgegangen?

Wenn Sie nach Wochen oder Monaten mit nur geringen Angstsymptomen plötzlich eine richtiggehende Panikattacke bekommen, könnte dies ein Hinweis darauf sein, dass Sie sich zu viel vorgenommen haben oder schwierige Aufgaben ohne ausreichende Vorbereitung angegangen sind. Vielleicht haben Sie auch gemeint, Ihr Vermeidungsverhalten schneller überwinden zu müssen, als dies möglich war, und haben sich mit zu hohen Ansprüchen an sich selbst unter Druck gesetzt. Vielleicht sollten Sie noch einmal ganz in Ruhe darüber nachdenken, wie viel Vorbereitung Sie tatsächlich brauchen, ehe Sie sich in die als besonders schwierig empfundenen Situationen begeben.

Wenn in Ihrem Leben eine Veränderung (z. B. eine neue Arbeitsstelle) ansteht und Sie deshalb Angst empfinden, versuchen Sie, auch die damit verbundenen Herausforderungen schrittweise und systematisch anzugehen. Setzen Sie alle erlernten Techniken ein, die Ihnen helfen können, der erhöhten inneren Anspannung zu begegnen. Wenn Sie sich für eine bestimmte Herausforderung noch nicht bereit fühlen, sollten Sie sich nicht dazu zwingen – es sei denn, sie wäre lebensnotwendig. Das richtige Timing kann für die erfolgreiche Durchführung von Veränderungen wesentlich sein. Und wenn Sie sich dann an die neue Aufgabe machen, sorgen Sie dafür, Ihren restlichen Lebensstil von Stress möglichst frei zu halten.

Denken Sie aber auch daran, dass ein gewisses mulmiges Gefühl vor neuen, unbekannten Situationen sowie «Lampenfieber» vor Prüfungen oder öffentlichen Auftritten ganz normal sind. Alle Menschen kennen diese Gefühle, die mit einer Panikstörung nicht gleichzusetzen sind. Wenn Sie gelegentlich Anflüge solcher Gefühle verspüren, heißt dies also noch lange nicht, dass Ihnen gleich eine Panikattacke droht.

Pflegen Sie auch weiterhin einen gesunden Lebensstil?

In einer beschwerdefreien Phase vergisst man leicht, welche Lebensstilfaktoren sich auf den Angstpegel negativ auswirken können. Prüfen Sie sorgfältig, ob Sie hier vielleicht einen wichtigen Punkt aus dem Auge verloren haben. Ernähren Sie sich möglichst gesund? Bewegen Sie sich regelmäßig? Begrenzen Sie auch weiterhin den Konsum anregender Substanzen, wie sie in Tee, Kaffee und Zigaretten enthalten sind? Denken Sie vor allem auch daran, dass ein zu großer Alkoholkonsum die Angstschwelle erheblich senken kann?

Falls Sie damit aufgehört haben, nehmen Sie Ihre regelmäßigen Entspannungs- und Atemübungen wieder auf, und machen Sie damit auch dann weiter, wenn Sie sich nicht besonders ängstlich fühlen. Alle diese Techniken müssen über längere Zeit geübt werden, bis man sie beherrscht, und mangelnde Übung kann dazu führen, dass man sie wieder «verlernt». Sie stehen dann im Notfall nicht im erforderlichen Maße zur Verfügung, und Sie können weniger gut auf schwierige Situationen reagieren.

Haben Sie ärztlich verschriebene Medikamente abgesetzt oder die Dosis verändert?

Ein plötzliches Absetzen oder eine Veränderung bei der Dosis können zu einem Wiederaufflackern von Angstsymptomen und Panikattacken führen. Deshalb sollten Sie, auch wenn es Ihnen schon deutlich besser geht, Ihre Medikamente auf jeden Fall wie verschrieben weiter nehmen, bis Sie und Ihr Arzt oder Ihre Ärztin gemeinsam entscheiden, die Dosis vorsichtig zu reduzieren. Wenn Ihre Ärztin oder Ihr Arzt die Medikation verändert hat und Sie daraufhin verstärkte Angst oder Panik verspüren, sollten Sie sich rasch einen neuen Termin geben und sich beraten lassen.

Gleiten Sie in wenig hilfreiche Denkstile ab?

Denken Sie daran, die in Schritt 4 beschriebenen Techniken konsequent einzusetzen und eine positive Einstellung zu pflegen. Stellen Sie negative Interpretationen von Ereignissen, Gefühlen und körperlichen Empfindungen kritisch in Frage und versuchen Sie, zu einer neuen Bewertung zu kommen. Arbeiten Sie weiter daran, negative Gedanken systematisch durch positive zu ersetzen. Geringe Selbstachtung und mangelndes Selbstvertrauen sind direkt mit negativen Gedanken verbunden – und umgekehrt. Denken Sie daran, sich dafür zu belohnen, dass Sie Ihre Angstsymptome bewältigt haben, und zollen Sie sich Anerkennung für die eigenen Erfolge.

Wenn Sie diese Fragen systematisch durcharbeiten, werden Sie besser in der Lage sein, einen möglichen Rückfall abzuwehren. Gehen Sie zu den Übungen zurück, die Sie in Schritt 1–6 gelernt haben, lesen Sie sich die Anweisungen noch einmal sorgfältig durch und versuchen Sie, die Übungen konsequent umzusetzen. Wenn Ihre Panikattacken trotzdem fortbestehen, sollten Sie mit Ihrer Hausärztin oder Ihrem Hausarzt darüber sprechen und sich eventuell zu einer Psychotherapeutin oder einem Psychotherapeuten überweisen lassen, die oder der auf die Behandlung von Panikstörungen spezialisiert ist. Denken Sie daran, dass gelegentliche Rückschläge auf dem Weg der Genesung nicht bedeuten müssen, dass Ihre Angstsymptome in gleicher Wucht und Häufigkeit wie zu Beginn der Störung auftreten werden. Wer konsequente Abwehrmaßnahmen ergreift, kehrt in der Regel schnell wieder auf den Weg der Genesung zurück.

Anmerkung zum Thema Depression

Bei vielen Menschen gehen Depression und Angst Hand in Hand. Bei den meisten treten die depressiven Gefühle jedoch nur vorübergehend auf und sind nicht so intensiv, dass man von einer regelrechten Depression sprechen könnte. Diese Menschen sind in der Lage, genug Motivation und Energie aufzubringen, um beharrlich an der Überwindung von Panikattacken und Agoraphobie zu arbeiten. Bei anderen jedoch lassen die depressiven Gefühle alles andere in den Hintergrund treten. Wenn dies auch bei Ihnen so ist, sollten Sie in jedem Fall therapeutische Hilfe in Anspruch nehmen.

Bei leichteren depressiven Verstimmungen, die nur wenige Stunden oder Tage andauern, kann man sich gut selbst helfen. Eine Methode besteht darin, schriftlich festzuhalten, welche Stressfaktoren zu den depressiven Gefühlen beitragen könnten, und sich dann eine Strategie auszudenken, mit deren Hilfe sich die anstehenden Probleme Schritt für Schritt lösen lassen. Eine andere Möglichkeit ist, sich bewusst abzulenken (siehe Schritt 3) und auf angenehme, nicht mit Stress verbundene Aktivitäten zu konzentrieren. Dies ist besonders dann wirksam, wenn sich die Ursache der Depression nicht ohne weiteres beheben lässt. Lohnend kann auch die Frage sein, ob negative Denkmuster oder Einstellungen zu den depressiven Gefühlen führen. Die Fähigkeit, solche Denkmuster kritisch zu hinterfragen und durch positivere Gedanken zu ersetzen (siehe Schritt 4), kann man weiter entwickeln, indem man z. B. weitere Bücher zu diesem Thema liest.

Wenn all diese Strategien nicht greifen oder sich die Depression zur Hoffnungslosigkeit oder Verzweiflung steigert, sollten Sie in jedem Fall therapeutische Hilfe in Anspruch nehmen. Antidepressiv wirkende Medikamente im Zusammenspiel mit regelmäßigen Therapiesitzungen kön-

> Stressfaktoren aufschreiben und eine schrittweise Strategie
> zur Lösung anstehender Probleme entwickeln
> ↓
> Ablenkung durch angenehme, stressfreie Aktivitäten
> ↓
> Prüfen, ob stark negative Gedanken über sich selbst, die eigene Situation
> und die persönliche Zukunft beteiligt sind. Die negativen Gedanken
> kritisch hinterfragen und durch positivere ersetzen
> ↓
> Bei Fortbestehen der Symptome, Verzweiflung und dem Gefühl, selbst nicht mehr
> mit der eigenen Situation zurechtzukommen, therapeutische Hilfe suchen
> ↓ ↓
> Regelmäßige therapeutische Sitzungen   Krankenhausaufenthalt

Abbildung 14: Vorgehen bei Depression – eine Zusammenfassung

nen Ihnen helfen, die depressive Episode zu überwinden. In seltenen, schweren Fällen kann auch ein Krankenhausaufenthalt notwendig werden, vor allem wenn die Depression so schlimm wird, dass die Gefahr besteht, dass die betroffene Person sich selbst vernachlässigt oder sich gar etwas antut.

Die bei Depression empfohlenen Schritte sind in **Abbildung 14** zusammengefasst.

Schlussbemerkung

Jetzt, wo Sie dieses Selbsthilfebuch durchgearbeitet haben, sind Sie in einer deutlich besseren Position. Sie haben gelernt, wie Sie Ihre Panikattacken in den Griff bekommen und wieder an all den Aktivitäten teilnehmen können, von denen Sie sich in der Zeit davor zurückgezogen hatten. Nehmen Sie das Buch immer dann noch einmal zur Hand, wenn Sie das Gefühl haben, in den alten Lebensstil oder in alte Denkmuster abzugleiten, von denen Sie wissen, dass sie das Risiko für Angst und Panik erhöhen.

Wenn es Ihnen schwer fällt, allein genug Motivation aufzubringen, können Sie erwägen, sich einer Selbsthilfegruppe anzuschließen. Viele Menschen mit Angstproblemen empfinden die Aussprache mit anderen Betroffenen als entlastend und extrem hilfreich. Verschiedene Dachverbände von Selbsthilfegruppen finden Sie im Adressenteil am Ende dieses Buches.

Denken Sie am Ende auch daran, dass Ihre Erfahrungen – so unangenehm sie auch immer gewesen sein mögen – Sie einiges darüber gelehrt haben, wie negativ sich Stress auf Ihre Gesundheit auswirken kann. Sie kennen sich jetzt selbst sehr viel besser und wissen, wie notwendig es ist, auf mögliche Stressfaktoren zu achten und sie gleich beim ersten Auftreten im Keim zu ersticken.

Hilfreiche Bücher

Es gibt eine Reihe anderer Bücher, die Ihnen helfen können, Panikstörung und Agoraphobie noch besser zu verstehen. Einige von ihnen befassen sich auch ganz allgemein mit der Frage, wie man am besten mit Stress umgehen kann. Je mehr Sie zum Thema lesen, desto größer ist die Wahrscheinlichkeit, dass Sie nützliche Fähigkeiten zur Überwindung von Panikattacken und Agoraphobie entwickeln und vertiefen. Denken Sie aber auch immer daran, dass es viele individuelle Unterschiede gibt. Es bleibt Ihre Aufgabe, kritisch zu sein, sorgfältig auszuwählen und zu entscheiden, welche Techniken für Sie am besten geeignet sind.

Baer, Lee: *Der Kobold im Kopf. Die Zähmung der Zwangsgedanken.* Bern: Hans Huber 2003.

Bower, S.A. & Bower, G.H.: *Vertrauen zu sich selbst gewinnen.* Ein Trainingsbuch. Freiburg: Herder 2002.

Breathnach, S. B.: *Ein guter Tag. 365 Schritte zum erfüllten Leben.* München: Goldmann 1998.

Burns, David D.: *Fühl Dich gut. Angstfrei mit Depressionen umgehen.* Trier: éditions trèves 1986.

Greenberger, Dennis & Padesky, Christine A.: *Mit Gedanken Gefühle behandeln: Ein Manual zur kognitiven Therapie für Klienten.* DGVT Deutsche Gesellschaft für Verhaltenstherapie, o. J.

Fennell, Melanie J.V.: *Anleitung zur Selbstachtung. Lernen, sich selbst der beste Freund zu sein.* Bern: Hans Huber 2005.

Marks, Isaac: *Ängste. Verstehen und bewältigen.* Heidelberg: Springer 1993

Peurifoy, Reneau Z.: *Angst, Panik und Phobien. Ein Selbsthilfe-Programm.* Bern: Hans Huber 2002.

Rachman, Stanley: *Angst. Diagnose, Klassifikation und Therapie.* Bern: Hans Huber 2000.

Tricket, Shirley: *Angstzustände und Panikattacken erfolgreich meistern.* Zürich: Oesch 1999.

Tricket, Shirley: *Endlich wieder angstfrei leben.* Zürich: Oesch 2002.

Hilfreiche Adressen

Therapeutinnen und Therapeuten

Der Berufsverband Deutscher Psychologinnen und Psychologen vermittelt auf die Behandlung von Angststörungen spezialisierte Therapeutinnen und Therapeuten.
Psychotherapie-Informations-Dienst (PID)
Oberer Lindweg
53129 Bonn
Beratungstelefon +49 228 74 66 99
Internet: http://www.psychotherapiesuche.de/

Kliniken

Zahlreiche Kliniken haben sich auf die Behandlung von Angststörungen spezialisiert oder haben spezielle Angstambulanzen, z. B.
Psychiatrische und Psychologische Therapie bei Angststörungen:
Angstambulanz
Psychiatrische Klinik
Martinistr. 52
20246 Hamburg
Tel. 040 47 17, 42 25 und 32 23
Internet: http://www.uke.uni-hamburg.de/kliniken/psychiatrie/kernklinik/sozialpsychiatrie/

Eine Liste von Praxen, Kliniken und Kurhäusern in Deutschland, Österreich und der Schweiz finden Sie unter www.aphs.ch

Selbsthilfegruppen

Mehrere Dachverbände vermitteln Adressen von Selbsthilfegruppen:

DASH (Deutsche Angst-Selbsthilfe)
Bayerstr. 77a
80335 München
Tel. 089 54 40 37 75
Fax 089 54 40 37 76

AGORAPHOBIE e. V.
Taunusstr. 5
12161 Berlin
Tel. 030 851 58 24
Telefonische Sprechzeiten
Mo 9–14 Uhr, Mi 13–18 Uhr
Do 18–20 Uhr, Fr 9–13 Uhr

Deutsche Angst-Selbsthilfe
NAKOS Nationale Kontakt- und Informationsstelle
zur Anregung und Unterstützung von Selbsthilfegruppen
Albrecht-Achilles-Straße 65
10709 Berlin

KISS (Kontakt- und Informationsstelle für Selbsthilfegruppen) Nürnberg
Frauentorgraben 69
90443 Nürnberg
Tel. 0911–2349449
http://www.fen.baynet.de/~yy204/start.htm

SHG bei Depression und Angst
Obere Augartenstraße 26–28
A-1020 Wien
Tel. 290 59 74

Club D&A, Selbsthilfe bei Depression und Angststörungen
Lederergasse 22/12
A-1080 Wien
Tel. 407 77 27
Fax 407 77 27–71

Gesellschaft zur Förderung der Selbsthilfe
für Menschen mit Angststörungen und Panikattacken
Raffaelgasse 30/11
A-1200 Wien
Tel. 334 63 62

Angst- und Panikhilfe Schweiz
Hölzliweg 165
CH-4232 Fehren
Telefon: 0848 801 109
E-Mail: aphs@aphs.ch
Web: www.aphs.ch

Register

A
ABC-Modell 48
Ablenkungstechniken 102, 104
Adrenalin 32
Agoraphobie
- als Hauptproblem 61
- Anfälligkeit 27
- Auswirkungen 23, 25
- Behandlung 43
- Definition 19, 53
- Entstehungsfaktoren 27, 29, 30, 31
- Gegenstrategien 127
- Genesungsprozess 141
- geschlechtsspezifische Unterschiede 21
- Häufigkeit 55
- Symptome 81
- Ursachen 20, 21
Alkohol 15, 21, 24, 34, 36, 40, 62, 83, 91, 145
Alprazolam 46
American Psychiatric Association (APA) 53
Amphetamine 36
Anfälligkeit 27
Angehörige 60, 63
Angst
- «normale» 15, 72, 78, 143, 144
- Erwartungsangst 49, 56, 108
- Quellen 80
- vor der Angst 21, 38, 49
- vor Wahnsinn 80
Angststörungen 8, 9, 15, 55
- Generalisierte 47, 56
Antidepressiva, trizyklische 43, 44, 45
Atemtechniken 100, 121

Autonomes Nervensystem 31, 38

B
Barbiturate 37
Belastungsstörung, posttraumatische 55
Benzodiazepine 43, 44, 46
Beruhigungsmittel 37
Betablocker 46
Bewegung 70, 85, 86, 88, 97, 145
Beziehungsprobleme 9, 22, 26, 30, 85
Buspiron 47

D
Denkstile, negative 29, 49, 71, 107, 110, 111, 145, 147
Depression 23, 61, 62, 147
Desensibilisierung, systematische 48, 121, 128, 131
Distanzierungstechnik 103
Drogen 15, 24, 34, 36, 40, 62
DSM-III 53
DSM-IV 53

E
Empfindungen, körperliche 29, 38, 71, 119
Entspannung 70, 85, 86, 93, 97
Entspannungstechniken 94
Erfahrungen, traumatische 28, 29
Erkrankungen, körperliche 33, 34, 40, 61, 75, 87
Ernährung 70, 86, 90, 97, 145
Erwartungen, unrealistische 111
Erwartungsangst 18, 49, 56, 108
Essverhalten 24

F
Faktoren
– körperliche 31, 40
– psychische 29, 38
– soziale 30, 39
Familientherapie 43
Fluoxetin 45

G
Gedankenlesen 111
Gegenkonditionierung 48
Genesungsprozess 26, 49, 50, 141
Genetische Veranlagung 28
Geringe Selbstachtung 39, 61, 87, 143
Gummiband-Technik 102

H
Hyperventilation 28, 35
– Gegenstrategien 99
Hyperventilation-Panik-Kreislauf 36, 40, 100

I
Imipramin 45, 46

K
Kampf oder Flucht-Reaktion 31, 32, 38, 39, 66, 72, 128
Katastrophendenken 29, 39, 49, 80, 122
Kindheit 28
Koffein 34, 36, 83, 90, 145
Kognitive Verhaltenstherapie 7, 43, 47
Kokain 36
Konditionierung 21, 39, 48
Konfliktlösung 120
Kontrollverlust 39, 80
Körperliche Empfindungen 29, 38, 71, 119
Körperliche Erkrankungen 33, 34, 40, 61, 75, 87
Körperliche Faktoren 31, 40

L
Lampenfieber 15, 72, 144
Lebensqualität 63, 127
Lebensstil 69, 85, 145
– Veränderung 61, 62, 86
Lerntheorie 47

M
Marihuana 36
Medikamente 36, 40, 44, 143, 145
Meditation 93
Missbrauch 28
Motivation 61, 69, 149
Muskelentspannung, Progressive 94, 97, 121, 130

N
Negative Denkstile 29, 49, 71, 107, 145, 147
– Gedankenlesen 111
– Katastrophendenken 29, 39, 49, 80, 122
– Schwarz-Weiß-Denken 110
– Überbewertung unangenehmer Erfahrungen 110
– unrealistische Erwartungen 111
– Unterbewertung positiver Erfahrungen 110
– Verallgemeinerung 109, 110
Nervensystem, autonomes 31, 38
Neurotransmitter 33, 45
Nikotin 90, 145

O
Overprotectiveness 28

P
Paartherapie 43
Panikattacken 16
– Auslöser 69, 75
– Definition 15, 16, 53
– Gegenstrategien 99
– körperliche Empfindungen 29
– Protokoll 78
– Symptome 16, 29, 76
– Ursachen 21, 32
Panikstörung
– Anfälligkeit 27
– Auswirkungen 23, 25
– Behandlung 43
– Definition 15, 18, 53
– Entstehungsfaktoren 27, 29, 30, 31
– Genesungsprozess 141
– genetische Veranlagung 28

- geschlechtsspezifische Unterschiede 30, 55
- Häufigkeit 55
- reine 20
- und Depression 24
Papiertüten-Technik 101
Paroxetin 45
Peinlichkeit 80
Phobie, soziale 55
Posttraumatische Belastungsstörung 55
Problemlöseverhalten 86, 136
Progressive Muskelentspannung 94, 97, 121, 130
Psychische Faktoren 29, 38
Psychoanalyse 43
Psychose 62
Psychotherapie 7, 18, 25, 43, 59, 60, 62, 146

R
Reversible MAO-A-Hemmer 46
Rückfall
- Definition 142
- Prävention 141, 143
- Ursachen 143
Rückschläge
- Umgang mit 64, 97, 106
Rückzug, sozialer 24, 25

S
Scham 24
Schilddrüse 33
Schlaf 40, 70, 83, 85, 86, 92, 97
Schlaftagebuch 92
Schwarz-Weiß-Denken 110
Selbstachtung, geringe 24, 29, 39, 61, 87, 143
Selbstaggression 25
Selbsthilfe
- als Chance 59
- Hindernisse 62
- Programm 57, 68
- Zielgruppe 60
Selbsthilfegruppen 149, 154
Selbstkritik 24
Selektive Serotonin-Wiederaufnahmehemmer (SSRI) 45

Setralin 45
Souffleur-Karten 117, 124
Soziale Faktoren 30, 39
Soziale Phobie 55
Sozialer Rückzug 24, 25
Sport 88, 97, 120
Stimulanzien 36, 40, 90
Stress 21, 29, 30, 36, 38, 39, 69, 77, 85, 143, 149
- innerer und äußerer 39
- psychischer und körperlicher 86
Stress-Teufelskreis 87
Stressbewältigung 29, 56
Stressfaktoren 66, 144
Stressreaktion 31
Suizid 25
Systematische Desensibilisierung 48, 121, 128, 131

T
Teufelskreise 22, 24, 26, 27, 36, 37, 39, 85, 87, 119
Trait Anxiety 28
Tranquilizer 43, 44
Traumatische Erfahrungen 28, 29
Trennungsängste 21, 28
Trizyklische Antidepressiva 43, 44, 45

U
Überbewertung unangenehmer Erfahrungen 110
Unrealistische Erwartungen 111

V
Verallgemeinerung 109, 110
Verhaltenstherapie, kognitive 7, 43, 47
Vermeidungsverhalten 18, 19, 20, 23, 48, 81, 84, 108, 120, 144
Visualisierungstechnik 103

Y
Yoga 93

Z
Zähltechnik 103
Zahnarztbesuch 134
Zwangsstörung 55